我的世界攻略

工程创造

季诺澄 飞翼之心 夏雪侯·编者

电子工业出版社
Publishing House of Electronics Industry
北京·BEIJING

未经许可，不得以任何方式复制或抄袭本书之部分或全部内容。
版权所有，侵权必究。

图书在版编目（CIP）数据

我的世界攻略. 工程创造 / 季诺澄，飞翼之心，夏雪侯编著.
北京：电子工业出版社，2024.3
ISBN 978-7-121-46429-4

Ⅰ. ①我… Ⅱ. ①季… ②飞… ③夏… Ⅲ. ①网络游戏-介绍
Ⅳ. ①G898.3

中国国家版本馆CIP数据核字(2023)第183430号

责任编辑：赵英华
印　　刷：天津市银博印刷集团有限公司
装　　订：天津市银博印刷集团有限公司
出版发行：电子工业出版社
　　　　　北京市海淀区万寿路173信箱　　邮编：100036
开　　本：720×1000　1/16　印张：29.25　字数：655.2千字
版　　次：2024年3月第1版
印　　次：2024年3月第1次印刷
定　　价：168.00元（全4册）

凡所购买电子工业出版社图书有缺损问题，请向购买书店调换。若书店售缺，请与本社发行部联系，联系及邮购电话：(010) 88254888，88258888。
质量投诉请发邮件至zlts@phei.com.cn，盗版侵权举报请发邮件至dbqq@phei.com.cn。
本书咨询联系方式：(010) 88254161~88254167转1897。

目录

工具达人：挖掘与采集 … **06**

01 挖掘机制 … **08**

02 挖掘工具 … **10**

03 采矿 … **12**

亚特兰蒂斯：建筑设计入门 … **17**

01 建筑规划 … **18**

02 基地选址 … **20**

03 建筑选材 … **24**

04 外观设计 … **30**

05 内饰设计 … **38**

06 建筑实例 … **48**

来点硬的：红石入门 … **68**

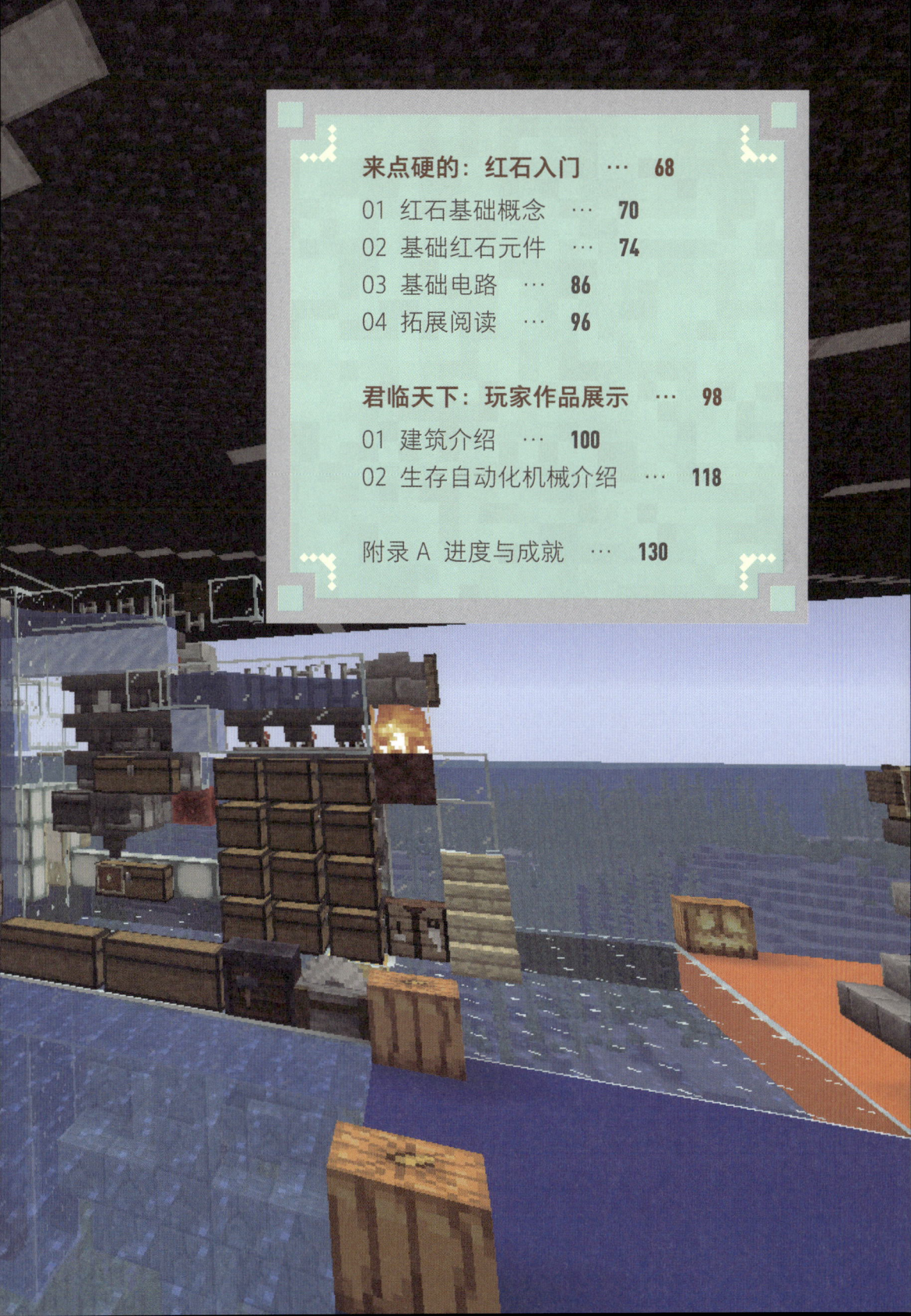

01　红石基础概念　…　70
02　基础红石元件　…　74
03　基础电路　…　86
04　拓展阅读　…　96

君临天下：玩家作品展示 … **98**

01　建筑介绍　…　100
02　生存自动化机械介绍　…　118

附录 A　进度与成就　…　130

工具达人：挖掘与采集

导言

要想在生存模式中打造一个大工程，需要收集不少的材料。本章介绍了获取各种方块所需的基本知识。

01 挖掘机制

玩家能挖掘5格内的方块，被挖掘的方块会随着挖掘的进度而出现裂痕，并在这个过程中发出声音。玩家在挖掘时可以移动，但环境的改变可能会改变挖掘的速度。挖掘进度不会被游戏存储，停止挖掘后挖掘进度会立刻清除。如果玩家持有的物品发生了变化，或挖掘的目标改变，那么原本的方块被挖掘的进度会被清除。

玩家可以徒手挖掘许多类型的方块使其掉落，而部分方块则必须要使用一定的挖掘工具才能有效地挖掘和掉落资源。

除了完全不能挖掘的方块（如基岩），所有可以被挖掘的方块——无论是否需要工具才能有效挖掘——都可以被徒手挖掘破坏。

挖掘速度

衡量挖掘进度的方式是损坏值。玩家在挖掘方块时，每0.05秒能增加1点损坏值。当损坏值超过方块的硬度值的30倍时，方块就会被破坏。这意味着如果没有其他因素影响，徒手挖掘方块需要的时间，以秒为单位则是方块的硬度值的1.5倍。

许多效果会影响玩家的挖掘速度：

●损坏的基础速率是每点0.05秒，即每秒20点。

●如果持有的工具有助于挖掘当前方块，那么损坏的速率会增加数倍。

●如果持有的工具有助于挖掘当前方块，且这一工具具有效率魔咒，那么损坏的速率会增加魔咒等级的平方倍数。

●如果方块需要使用一个工具来挖掘，而没有持有该工具，那么损坏的速率变为原来的30%，挖掘需要的时间变为3.3倍。

挖掘方块来获取其资源、塑造地形和打开通道是玩家与世界交互的基本方式之一。玩家对着方块按下挖掘键即可开始挖掘。

- 如果玩家没有站立在地面上，包括跳起后滞空、挂在梯子上、漂在水面上或乘骑实体时，则损坏的速率变为20%，挖掘需要的时间变为5倍。
- 如果玩家的头部处于水中，且没有装备具有水下速掘魔咒的装甲，则损坏的速率变为20%，挖掘需要的时间变为5倍。
- 急迫效果每等级使损坏的速率提升20%。
- 挖掘疲劳III效果会让挖掘需要的时间变为370倍。

不同的影响挖掘时间的效果会叠加。在水中漂浮时，挖掘时间会变为25倍，若同时还受到了挖掘疲劳III效果的影响，挖掘时间则变为9250倍，令原本只需要1秒就可以挖掘的方块需要超过两个半小时才能被挖掘。

无论损坏速率如何，挖掘一个方块需要的时间总是会是0.05秒的倍数。

瞬间挖掘

通常情况下，在方块被挖掘后需要0.25秒才会开始对下一个方块进行挖掘。如果玩家每0.05秒增加的损坏值大于方块的硬度值的30倍，方块会瞬间被破坏并移除0.25秒的挖掘间隔，这被称作瞬间挖掘。

一旦玩家能够对方块触发瞬间挖掘，挖掘的速度将会提升到每秒20个方块，只需按住挖掘键并环视四周就能掏空大片区域。

02 挖掘工具

如果工具选择正确，那么根据工具的品质和种类，挖掘速度会成倍地提升。

工具	损坏速率倍数
木质工具	2
石质工具	3
铁质工具	6
钻石质工具	8
下界合金质工具	9
金质工具	12
剪刀、剑	1.5
剪刀（对羊毛）	5
剪刀、剑（对蜘蛛网）	15

镐

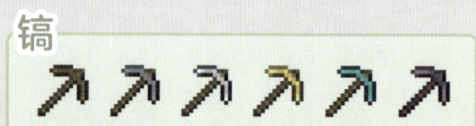

镐是非常重要的挖掘工具，因为对于绝大多数石质或金属质方块来说，镐是挖掘这些方块的必需品。否则，挖掘时间不仅变得异常漫长，被挖掘的方块也不会掉落。部分方块还需要更高品质等级的镐来挖掘。

铁矿石、铜矿石、青金石矿石、铁块、铜块及其变种、避雷针和青金石块需要石镐、铁镐、钻石镐或下界合金镐才能加速挖掘并掉落物品。

钻石矿石、金矿石、红石矿石、绿宝石矿石、钻石块、金块和绿宝石块需要铁镐、钻石镐或下界合金镐才能加速挖掘并掉落物品。

黑曜石、哭泣的黑曜石、远古残骸和下界合金块需要钻石镐或下界合金镐才能加速挖掘并掉落物品。

斧

斧可以加速对木质方块的挖掘。尽管不使用斧挖掘也能使这些方块掉落，但挖掘木质方块需要的时间会变得相当漫长。

斧是各类木质方块的最佳挖掘工具。各种外观上有木质设计的方块，以及巨型蘑菇、南瓜、西瓜、可可豆和藤蔓都可以被斧加速挖掘。

斧可以为原木去皮。

挖掘工具能对挖掘过程提供巨大帮助，不仅允许玩家以更快的速度进行挖掘，工具对于部分方块的有效挖掘是必需品。

锹

锹可以加速对软质方块的挖掘，使这些方块能被迅速地大量采集。

锹是挖掘雪和雪块的必需品，若不持有锹则被挖掘的雪和雪块不会掉落任何物品。

锹可以将泥土、草方块、菌丝、灰化土、砂土或缠根泥土压实为土径——一种有着洁净外观，适合作为室外道路的方块。

锄

锄可以加速对"松散"的方块的挖掘，这些方块包括树叶、干草块、标靶、干海带块、海绵、湿海绵、苔藓块、下界疣块、诡异疣块、菌光体。

锄可以将泥土、草方块或土径变为耕地，可以将砂土变为泥土，可以将缠根泥土变为泥土并掉落一个垂根。

剑

剑可以加速对少数方块的挖掘速度，对蜘蛛网的挖掘速度有显著提升，也允许玩家在与洞穴蜘蛛战斗时快速扫清蜘蛛网。使用剑挖掘方块的耐久值消耗增加了一倍。

剪刀

剪刀是一种专一用途的开采工具。除了加速对羊毛的挖掘，剪刀还能在挖掘树叶、植物和蜘蛛网时使其掉落自身而不是其通常的掉落物。

6种工具及其可加速破坏的方块品类

11

03 采矿

寻找天然矿洞是轻松的采矿方式。通过在峡谷、洞穴、巨型洞穴或废弃矿井中搜寻，玩家能轻易地发现许多裸露的矿物，甚至更多珍贵的战利品箱。这种采矿方式的好处是能减少对镐的耐久度消耗，但洞穴中往往充满了敌对生物，需要玩家时刻做好战斗准备。

挖掘人工隧道是另一种寻找矿物的方式。通过在石头中挖出自己的狭长隧道，玩家总能在这个过程中遇到许多矿物，甚至洞穴。挖掘隧道可以躲避许多敌对生物，但对镐的耐久度有不小的消耗，而且具有挖到地下湖泊、熔岩层或深坑的风险。玩家应该时刻留意周围的动静来避免将自己挖入危险环境中。

探索矿物常常结合使用这两种方式，灵活应变地选择最佳的方式。

挖掘时应避免将自己挖入潜在的危险环境中。挖掘脚下的方块有坠入深坑或熔岩、湖泊的致命风险，而挖掘头上的方块有可能会遭遇沙砾塌方或熔岩流下。

所有类型的主世界矿石在深板岩中生成时，会生成为其深层变种，具有深板岩而不是石头的外观。

煤矿石

煤矿石是最常见的矿石之一。煤矿石提供煤炭——一种能为熔炉提供长时间燃料的物品。煤矿石在主世界Y坐标不低于0的高度生成，在95～136层之间是最多的。

铁矿石

这是能提供粗铁，可以制成铁锭的重要矿石，需要石镐、铁镐、钻石镐或下界合金镐才可以挖掘。铁矿石在Y坐标-64～72、80～320之间的高度均可生成，在15和232层是最多的。

铁矿石矿脉在主世界Y坐标低于0的位置可以生成，其中包含大量混合在凝灰岩中的深层铁矿石，甚至粗铁块。

铜矿石

这是能提供粗铜——可以制成铜锭的矿石，需要石镐、铁镐、钻石镐或下界合金镐才可以挖掘。铜矿石在Y坐标-16～112之间均可生成，在48层是最多的。

在石头中寻找矿物是生存中必不可少的发展步骤。发掘矿石是稳定获取许多材料资源的方式。不同矿物具有不同的分布特点，而知悉这些内容对提升采矿效率是至关重要的。

铜矿石矿脉在主世界Y坐标高于0的位置可以生成，其中包含大量混合在花岗岩中的铜矿石，甚至粗铜块。

青金石矿石

这是能提供青金石的矿石，需要石镐、铁镐、钻石镐或下界合金镐才可以挖掘。青金石矿石在主世界Y坐标64以下的位置生成，在0层是最多的。

钻石矿石

这是能提供钻石的少见矿石，需要铁镐、钻石镐或下界合金镐才可以挖掘。钻石矿石在主世界Y坐标16以下的位置生成，高度越低生成数量就越多。

红石矿石

这是能提供红石、在触碰后会发光的矿石，需要铁镐、钻石镐或下界合金镐才可以挖掘。红石矿石在主世界Y坐标16以下的位置生成，高度越低生成数量就越多。

金矿石

这是能提供粗金——可以制成金锭的少见矿石，需要铁镐、钻石镐或下界合金镐才可以挖掘。金矿石在主世界Y坐标32以下的位置生成，在−16层是最多的。如果是在主世界的恶地生物群系，那么金矿石还能在Y坐标高于32的位置大量生成。

绿宝石矿石

这是能够提供绿宝石的稀有矿石，需要铁镐、钻石镐或下界合金镐才可以挖掘。绿宝石矿石只能生成在主世界的山地生物群系中，在Y坐标高于−16的位置生成，高度越高生成数量就越多。绿宝石矿石的矿团只会生成1～3个绿宝石，以至于常会出现只生成了单个绿宝石矿石的矿团。

> 6种主世界矿石，上方为普通矿石，下方为深层矿石

> 生成在天花板上的下界石英矿石

 下界石英矿石

这是生成在下界中，能够提供石英的矿石。下界石英矿石在下界Y坐标10~117之间均可生成，在玄武岩三角洲中的生成数量是其他生物群系的2倍。

下界金矿石

　　这是生成在下界中，能提供金粒的矿石。如果使用精准采集获取并烧炼，则可以获得金锭。下界金矿石在下界Y坐标10～117之间均可生成，在玄武岩三角洲中的生成数量是其他生物群系的2倍。

一处下界金矿石团簇

 远古残骸

　　这是生成在下界中的极度罕见的矿石，是制作游戏中最高级别的工具材料的必需品。远古残骸会进行两个生成：在下界Y坐标8～119之间的随机位置生成包含1～3个远古残骸的矿团，以及在下界Y坐标8～22之间的趋于中间高度15的位置生成包含1～2个远古残骸的矿团。

通过炸开下界岩层发现的远古残骸

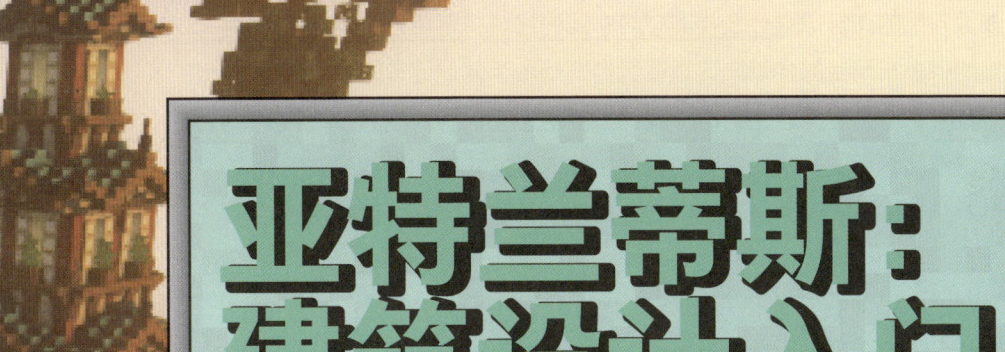

亚特兰蒂斯：
建筑设计入门

导言

建筑是一门艺术。而《我的世界》极高的自由度、丰富的可选建材、简单上手的操作性，让建筑成为游戏重要的组成部分。在《我的世界》中，建筑可以不必受到现实物理条件的制约，而唯一的制约是玩家的想象力。不论是着眼于现实的复刻党，还是天马行空的幻想家，都可以在建筑领域中找到自己的一席之地。准备好一展自身的建筑才华了吗？下面，让我们一起进入建筑的世界。

建筑规划

　　开始建造建筑前，我们首先需要对建筑进行整体规划。我将要设计什么样的建筑？我的建筑需要具备什么功能？我的建筑将在何处选址？我的建筑需要什么样的材料？我的建筑将选用何种整体风格？如何去布局我的建筑？这是在我们开始着手建造建筑之前，需要充分考虑的诸多问题。此时，我们无须着急进入游戏世界，而应该拿出纸和笔，罗列这些问题的答案，整理建筑元素，寻找建筑灵感，并为未来的基地勾勒一张简单的草图，注明不同部分和设计重点。

　　在动笔的时候，我们应当时刻铭记《我的世界》中的建筑原则：兼具实用与美观。在实用方面，首先需要保证自身免受外界的威胁。僵尸可能会在夜间叩响房门进入我们的基地，悄然而至的苦力怕会让我们功亏一篑。所以，我们的建筑需要有一定的防御、隔离或逃生功能，或者将基地选址在较为安全的群系。其次，我们的建筑需要具备自给自足的农业生产条件。在野外找寻材料很容易将自己暴露在危险之中，分散的或功能不齐全的基地常常会让我们的生存发展受到制约。因此，一个功能完备、条件充足的建筑才可以称得上是令人满意的生存建筑。如何实现这些功能，可以阅读本书前文中所介绍的内容。

　　而在美观方面，则是更需要我们去下大功夫的地方，也是本章节将着重讲述的内容。建筑是一个有机的整体，我们需要确保建筑有统一的特色风格。若把西域风情的沙石和倒映水色的海晶石搭配在一起使用，抑或在中式四合院正中将一座北欧高塔拔地而起，其割裂感不言而喻。此外，建筑的外观与内饰我们都需要注重。风光秀美的外部呈现和富有创意的内部设计，都是缺一不可的。

小贴士

如何实现建筑灵感？

我们可以观察目前身处的生物群系，然后在网上搜索相关风格的自然人文景观和概念图，然后进行模仿。举例来说，若是在针叶林中，则可以在现实中一些高纬度的地区风貌和对应建筑中寻找灵感，比如西伯利亚传统木质住宅（如奥伊米亚康地区）、北欧木教堂（如奥尔内斯木板教堂）等。

若是在丛林中，可以找寻一些赤道地带的雨林风貌，如玛雅金字塔、幻想树屋等。

19

02 基地选址

山峦间的"桃花源"

如果决定把基地选址在山地群系的高山深谷之间，我们的建筑更需要注重立体层面的设计。山地中较大的高度差会为我们的行动带来不小的阻碍，但山与水的结合也能成为建筑的绝佳背景。中国的山水艺术刚柔相济，变化无穷，恰好与山地群系的风格相符，让人联想到"桃花源"给人带来的豁然开朗之感。选址在这里，我们可以把各个独立的小型建筑交错依山而建，以小径、吊桥相连，用水流和植物点缀其间，让建筑既有层次感，又有整体感。

在开始建造我们的建筑之前，首先需要寻找一个适合的地点。《我的世界》中总共有七十多种不同的生物群系，有着截然不同的地理风貌，不仅是建筑风格会受到自然环境的影响，建筑材料的获取也会受到地理条件的制约。所以选择一个中意的建筑地点，是一个好的开始。

丘陵中的"袋底洞"

　　相比山地，丘陵的坡度更小；而相比平原，丘陵又不适于铺展式的建设。因此，联想到了《霍比特人》中的"袋底洞"，将建筑着重向丘陵内部延伸。这样在保留丘陵自身波澜起伏的特色的同时，也能体现出别样的人文风情。相信我们在初入游戏之时，一定都曾手撸洞穴作为自己的第一个基地，所以"袋底洞"也能让我们重现过去的诸多回忆。由于建筑主要向丘陵内部挖掘而出，也能节省许多的建筑材料，但对于内饰则提出了更高的要求。"袋底洞"内部需要提前设计不同功能不同大小的房间，并用规划完善的通道连接，否则前来游玩的其他小伙伴一定会迷路吧。

平原上的"欧陆城"

平原是最朴实无华的群系,也是最适合自由发挥的地形。平原通常来说是最适合在生存模式下居住的地区。在这里,我们可以引水成渠、耕种良田、发展畜牧,并建设繁荣秀丽的城镇。在平原上可以选择非常多的建筑风格,唯一的局限是你的想象力。

沙漠中的"月牙泉"

沙漠对于生存来说并不是一个特别好的选择,但我们仍然可以在这里建设独具一格的基地。沙漠和平原一样也具有非常平坦的地势,但资源远没有平原丰富。沙石将会是我们最便于获得的材料。如果选址在沙漠开始建设,最好选择在一片绿洲水源附近,这可以让附近的景致显得不那么单调。绿色和水色出现在延绵至天际的沙漠中,也会给人带来希望之感。在建设的时候,想象自己正走在往日富饶的丝绸之路上,参考沿途经过的地域风貌,会有助于我们的建设。

堤岸边的"威尼斯"

不论是湖岸、海岸或沼泽,水都是场景的主基调。因此,我们需要将建筑和水紧密相融。可以参考现实中的水上名城"威尼斯",使用船只、码头、平台来连接水陆。若是足够有耐心,我们甚至可以在水底用玻璃建设水下家园,建成名副其实的"亚特兰蒂斯"。

建筑选材

📐 基础方块

基础方块通常是天然生成的，获取较为容易，未经加工或经过初步加工的方块。诸如木头、石头这类方块，我们总是会保持足量的储备。这些方块会是我们的主要建筑方块。

 圆石

挖矿时，这是最容易填满我们背包的方块。圆石的表面像是粗糙堆砌的石块，非常适合作为中世纪房屋乃至城堡的墙体。当然，它更重要的用途，则是用于烧制、合成为石砖等变种方块。

 原木

在茂密的森林中，这样的方块随处可见。原木总计有6个种类：橡木、桦木、云杉木、丛林木、深色橡木和金合欢木。原木竖直的木质纹理，常常用来作为房屋的支柱、横梁，也可以用于合成木板，以及其他更加精细的方块。

 沙石

与它的孪生方块沙子不同，沙石不受到重力影响，而且纹理更加坚实可靠，因此适合作为墙体建材来使用。对于较为干旱的生物群系，沙石是不可或缺的重要建筑原材料。

 海晶石

大量生成于海底遗迹，相较于其他基础方块而言，海晶石的获取较为困难。但是海晶石独一无二的水青色、随时间变色的特性，以及华丽的海晶石砖与海晶灯的变种，使得在获取海晶石上投入精力是非常值得的。

 花岗岩、闪长岩、安山岩

这三种特殊的岩石号称挖矿"三废石",但若运用得当,也可"变废为宝"。花岗岩是少数可被制作成楼梯和台阶的红色方块,而白色的闪长岩则拥有和石英不同的纹理,安山岩可以作为接近石头颜色的一种补充。这三者磨制之后,也是不可多得的建筑常用材料。

 深板岩圆石

这些生成在0层以下的岩石,拥有比圆石更暗沉的颜色。在建造富有神秘感的远古城市时,深板岩将会是一种绝佳的选择。

 下界岩

下界岩是下界最常见的组成方块。下界岩有个重要的特性:在顶部点燃的火焰能够永久燃烧,且不会被降雨淋熄。因此,可以将其作为壁炉或火炬的火源。将其合成为下界石砖后,可以用来建造一些符合地狱诡秘风格的建筑。

 末地石

旅行到末地,我们会找到一个永恒、无星暗夜的维度——在轻轻闪烁的紫色虚空中飘浮的淡黄色岛屿。末地石是这个维度最主要的组成方块。相较沙石,末地石更白;制作成石砖后,纹理也更丰富。

变种方块

变种方块通常是基础方块的变种。它们的色调与原方块相似,而纹理则有所区别,如对于石头,有石砖、錾制石砖、平滑石头和苔石、裂石等变种。它们在细节点缀方面有非常大的用途。

 **木板**

由原木合成而来。木板的纹理像是一些排列钉好的木材，很适合用来作为住宅的主要建材。但需要注意，木材结构很容易被烧毁，无论是因为爬行者还是闪电等意外因素。虽然很危险，它还是常被用作建筑材料。

 **砖块**

相比于基础方块，砖块（泛指石砖、红砖、砂石砖等）有着更整齐的纹理，是墙体建造材料的不二之选。需要注意的是，石砖是由石头而非圆石做成的，因此需要我们去烧炼圆石来获得。这可能会花费较多的燃料和时间。

 **錾制方块**

相比于基础方块，錾制方块有着更独特的纹理，更适合单独放置，作为装饰。如放置在柱子的基座，或者作为门顶的装饰等。

小贴士

石砖及其变种

石砖、裂石砖、苔石砖、錾制石砖构成了石砖大家庭。当使用石砖作为建筑的主要材料时，若需要将建筑做出历史的厚重感，或是与自然融为一体，可以零散地放置裂石砖、苔石砖，让墙面显得不那么单一。其中，苔石砖可以用石砖和藤蔓合成得到，而裂石砖可以通过烧制石砖得到。錾制石砖可以通过两个石砖台阶合成。石砖和錾制石砖也可以在切石机中得到。

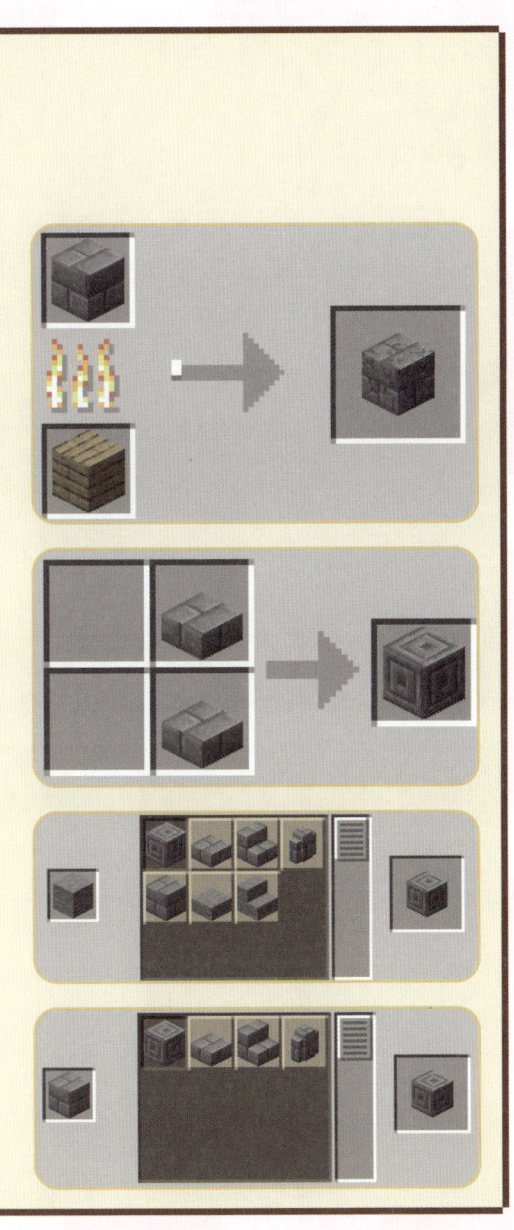

纯色方块

纯色方块通常颜色较为纯净，纹理较为不明显。这些方块在现代风格建筑或像素画等艺术创作中较为常用。通常来说，这些方块的颜色总共有以下17种：原色、白色、淡灰色、灰色、黑色、棕色、红色、橙色、淡紫色、紫色、蓝色、淡蓝色、青色、绿色、黄绿色、黄色、粉色。

 玻璃

　　几乎透明的建筑方块，用沙子烧制而成，可以被染成多种颜色。在门窗、顶棚以及许多室内装饰中，都有着广泛的应用。

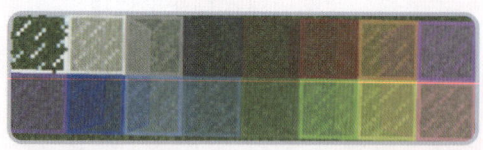

 羊毛

　　羊毛是薄弱的、高度可燃的、低爆炸抗性的方块。因此，它的主要用途是装饰以及制作床。

 陶瓦

　　和羊毛一样，陶瓦可以被染成16种颜色，但颜色更暗淡。陶瓦可以用来装饰建筑顶部。它更华丽的变种——带釉陶瓦，则可以用来充当瓷砖地面，或是拼凑成挂画。

 混凝土

　　在纯色方块中，混凝土最明亮，其纯净的色彩也适用于装饰。混凝土的颜色比染色陶瓦更为浓厚，同时混凝土又不像羊毛一样易燃。

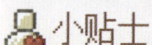 小贴士

色卡

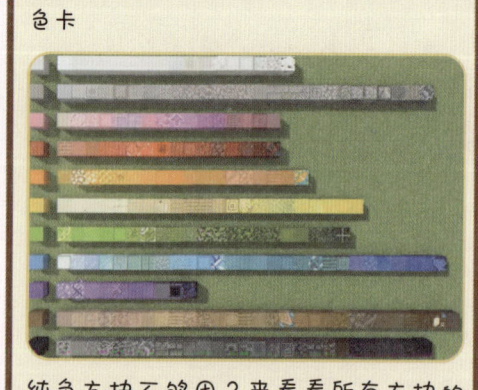

纯色方块不够用？来看看所有方块的颜色渐变吧！

28

特殊方块

变种方块通常是基础方块的变种。它们的色调与原方块相似，而纹理则有所区别，如对于石头，有石砖、錾制石砖、平滑石头和苔石、裂石等变种。它们在细节点缀方面有非常大的用途。

特殊方块通常大小不满一整格。在中小型建筑中，这些方块的合理使用将会大大提升细致与美观程度。诸如楼梯、台阶、墙体呈现出的凹陷感，可以用于勾勒雕花纹路或墙面与柱面的衔接等。

光照方块

光照方块是提供照明的方块，对于建筑内饰、外观夜景设计非常重要，使用颇有门道。这些方块都具有各自的光照等级，有不同的亮度。

以下是一些常用光照方块的光照等级。

15	信标　火　营火　萤石　南瓜灯　红石灯　海晶灯　灯笼　菌光体　熔岩
14	火把　末地烛
13	燃烧中的熔炉
10	灵魂火把　灵魂火
7	附魔台　末影箱　红石火把
3	岩浆块

🧍 小贴士

自然界中的光照等级

《我的世界》通过时间、天气来计算自然光照，然后通过和方块亮度的比较，取最大值作为实际光照等级，最大值是15。在光照等级相同的情况下，方块光照比自然光照更亮。其中，中午晴天的自然光照为15，中午下雨或下雪时的自然光照为12，中午雷雨天的自然光照为10，午夜晴天的自然光照为4。在下界和末地中，会有一层恒久不变的昏暗的光，光照等级约为7左右。

04 外观设计

始于一方地基

《道德经》有言，"合抱之木，生于毫末；九层之台，起于累土；千里之行，始于足下。"在完成选址之后，我们建造建筑的第一步，是铺设一方平坦的地基。可以挖掉地表的一层泥土/沙子，将其替换为作为地基的方块；若是希望节约精力，也可以直接在地表放置一层方块。一般来说，一个分区的地基使用的方块是统一的，但如果富有创意的朋友想要为地基设计一些别样的色彩或花纹，也可以使用两种及以上方块来进行铺设。在不同的分区之间，可以使用其他的方块来进行划分，以注明其分界线。下面是一个地基的例子：

左上方的大厅全数使用橡木木板来作为地基，右上方的正门前庭使用了相间的橡木木板和平滑石头作为地基，而正中的盥洗室使用了黑白交错的羊毛作为地基。三者之间用石砖清晰地划分开来，以便在后续柱体、墙体的建造中提供参考。

右图是依照石砖划分线搭建好柱体、墙体以及内饰后的成品图。

🏔 树立一根柱子

在划分好分区、铺设好地基后，我们可以开始思考建筑的框架：如何去排布建筑的支撑结构？用什么方块作为框架的材料？其中，框架中裸露在外的柱子是需要额外构思的。从地基外侧的四角观察、想象。使用具有竖直连接纹理的方块，诸如原木、去皮木、竖纹石英块等，或者其他合适易得的方块，树立一根最简单的柱子，作为这一步的开始。在此基础上，我们可以构思柱子的形式，添加一些斗拱、纹饰，来让这根柱子显得更美观。下面是一些可以参考借鉴的柱子样例：

在建造柱子时，可以先设计出1/4的部分，然后按照形制，以中轴旋转复制此前的操作。柱子的建造十分讲究细节，若是柱子两侧的结构出现了设计失误，之后墙体的连接就会不一致，或内部与外部看起来有截然不同的观感，其影响是巨大的。当然，柱子的形式并不是最重要的。我们可以朴实无华地向上堆叠方块来作为柱子，而之后墙壁的设计才是最为重要的。

连起一面墙壁

在排布、设计好柱子之后，可以开始建造柱子与柱子之间的连接墙体。墙体是否美观是大家对建筑的第一印象，因此墙的设计是最为重要的一步。我们固然可以使用单层方块来建造墙壁，但是这样做有两种缺憾：一是没有突出与缩进的层次感，会导致建筑外观看起来非常单薄，也就是我们俗称的"火柴盒"问题；二是如果在建造单层的墙壁时使用多种方块，会导致从建筑内部看墙壁时有一种毛坯、凌乱之感。因此，墙壁在设计上不推荐全部仅有一格的厚度。

明确了这一点后，可以考虑在何处外延或内凹这面墙壁。外延方面，可以用楼梯、台阶、墙等方块作为屋檐、阳台、底座等部分的材料；内凹方面，可以用玻璃板、栅栏、活板门等方块作为窗框、通风口等部分的材料。也可以使用一些光照方块，来增强白日时建筑的璀璨光辉，或是为夜晚时的外景增光添彩。

在设计时，可以先选取两根柱子，建造一部分墙壁作为样例。这方便我们在较小规模上处理细节、精进设计，以免在完成一整面墙壁后才发现不足，此时再进行补救是十分繁复的。当我们完成并最终确定了样例后，可以将其应用至所有的柱子之间，并根据不同的间隔与情形修改不同的墙面变体。

最终，完成墙体的建造。如果建筑有多层结构，可以提前用内延的方块来标注楼层隔板的位置。

下面罗列一些值得参考的墙体案例：

这是一面城墙。大多数城墙由两层经过修整的石砖制成，覆盖在中空或有其他方块填充的核心上。对城墙来说，其厚度可以自行选择，足够厚的城墙可以容纳通道或壁饰。为了防止被破坏并使其更难攀登，城墙可以建在一个倾斜的基座上，或者加上一个倾斜的保护覆盖物，如下图中底部的尖坡。现实中，如果敌人向城墙投射投掷物，这种斜坡是很有用的，因为它们往往会以不可预测的角度弹开投掷物。沿着城墙顶部则有一些低矮护墙的城垛，防御者可以躲在城墙凸起的城齿后面，然后通过较矮的垛口发射他们的弓箭，将他们暴露在敌人射击下的可能性降到最低。

这是一座中世纪房屋。在过去欧洲的房屋通常较为依赖木结构。它们会使用木框架来支撑整个房屋。其间可以用砖头、木板加以填充，并补充一些玻璃、活板门与其他装饰。

这是两个中式建筑的墙体展示。可以看到其中不论是墙体还是门窗，都使用了多种装饰手法，如雕刻、镂空、镶嵌。在制作中式墙体时，我们需要充分利用木板及其变体方块本身的自然纹理。在将采光作为设计的第一要素时，也要考虑门窗以线为主的造型。

盖上一片屋顶

相比柱子和墙壁,屋顶的重要性较小,但也绝非是可以一带而过的。接下来罗列的是一些不同风格的屋顶设计。

对于现代风格的建筑,可以使用平滑或者富有几何感的设计,或是排布一些管线,让建筑更符合现实。

对于欧式建筑,可以保持斜率相同,使用楼梯扶摇而上,并根据不同的墙体结构来设计其突出处。也可以使用圆顶、尖顶来作为塔状建筑的屋顶。对于中式建筑,则略微复杂一些。下页上图是上海交通大学著名的"紫气东来门",是一座典型的中式大门。

在设计的过程中，用到了不同的方块勾勒檐和脊，诸如海晶石、暗海晶石及其楼梯、台阶的变体，用来模仿青瓦的质感和色泽。轮廓建造完毕后，在瓦片的铺设上，可以使用交错的台阶体现凹陷与突出感。随着瓦片不断向对称轴靠近，其斜率也不断提升。

此外，我们还需要注意检查屋顶下方是否加上了横梁。这会有助于后续的内饰设计。

点缀一些装饰

此时，我们已经完成了建筑主体外观的设计。但是只有主体，没有环境的建筑可谓是不完美的。可以通过种植一些花草树木、铺设一些道路、设置一些户外光源，来让我们的建筑尽善尽美。若觉得游戏预设的风格不能满足建筑的需求，也可以安装一些模组，使用不同的光影进行渲染，以更符合我们心中对建筑的预期。以下是一栋使用了Cocricot模组的图书馆建筑，经过环境点缀以及光影处理前后的对比效果。

05 内饰设计

　　一般来说，在完成了外观设计之后，需要把视线转向建筑内部。在铺设地基时，想必大家已经划分好了建筑内部不同的分区，或有了初步的构思。我们把这些分区称为"内饰空间"，通常是较为规则的立方体，以方便我们进行内饰的排布。而现在，我们则需要思考通过怎样的方式模仿、实现这些分区应有的功能。由于游戏中方块基准为1立方米的特性，内饰物件的尺寸会较现实更大。所以如果先前预留的内饰空间较小，物件的数量需要做一定的取舍。

　　下面将会举一些内饰空间的例子，具体讲述如何去实现应有的功能。

外向空间（会客厅、餐厅）

　　这是一个我们用来招待、欢迎其他前来游玩的小伙伴的空间。在这里，我们需要设计一个座椅与茶几的组合，以便坐下来畅快攀谈；可以放一些架子，来展示我们获得的有趣的物件，或彰显我们的审美品位；也可以放置一些室内植物，或设计窗户让自然映入眼帘，为外向空间增添一抹亮色。另外，对于餐厅而言，我们在这里和朋友一同享用美食，可以用长桌、椅子来作为整个空间的核心。我们也可以放置一些画、运用各种色彩组合，来让这个空间更加赏心悦目。

　　适合在这里放置的部件：桌与椅。

桌子的做法多种多样，可以在栅栏上放置压力板或羊毛，或横竖放置活板门，也可以使用脚手架；椅子则可以在台阶后竖直贴上活板门来制作。

中性空间（办公室、书房）

这是一个中性、安静的空间。我们需要在这里阅读、办公学习、研究合成，同时也需要具备一定的收纳能力。可以设置一些书架以供阅览，制作书桌、电脑、工作台来辅助研究学习，再放置几个箱子用于收纳合成用的物件。铺上一些地毯，让书房的色调显得更柔和宁静。

适合在这里放置的部件：桌案和陈列架。

对于桌案，可以在两侧倒放木楼梯，在其间用木台阶连接，并在上方放置一些小物件；对于陈列架，可以用栅栏和台阶划分出展示的格位，并同样放置一些物件作为展示。

内向空间（卧室）

这是坠入梦乡之处，是整个建筑内最为私人的空间。温暖的双层床、幽美的小夜灯、充盈的衣柜、多肉植物，适合成为这个空间的组成部分。

适合在这里放置的部件：床榻。

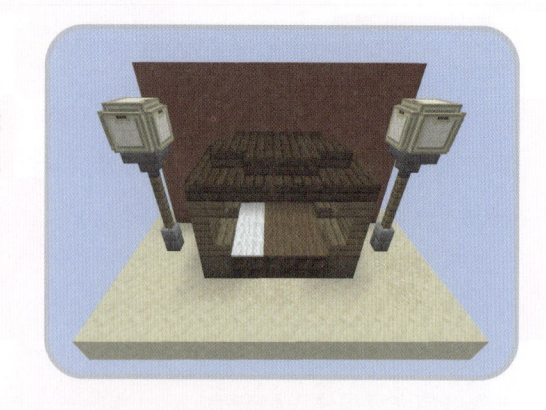

可以使用不同颜色的羊毛或地毯做出枕头与被褥。

"生存证明"空间（军备库、秘术研究所）

这是我们骁勇善战，或是久经考验的证明。在这里，可以使用盔甲架、装有物品的展示框、色彩各异的旗帜、珍贵的物件和战利品，来展现我们在生存模式下获得的诸多成就。

在身处的位置召唤一个有手的盔甲架。

小贴士

在生存模式下，我们制作出的盔甲架是没有手臂的，同时也不能调整特定的动作。但在创造模式中，可以使用指令来实现丰富的模特造型。我们可以使用指令：
```
/summon minecraft:armor_stand ~ ~ ~ {ShowArms:true}
```

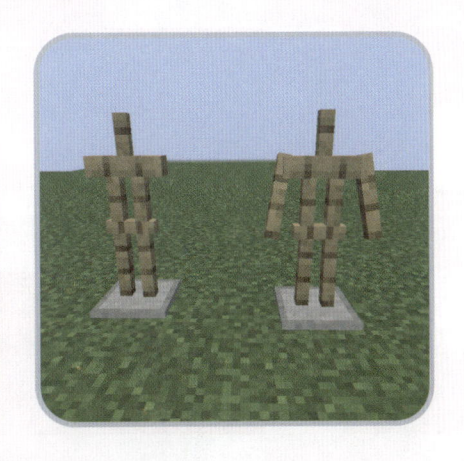

而在基岩版中，可以按住Shift键对盔甲架右键来调整它的姿势。

我们也可以使用活塞，将盔甲架卡入方块，来制作一些充满巧思的物件。

给盔甲架戴上南瓜头，卡到玻璃中去。

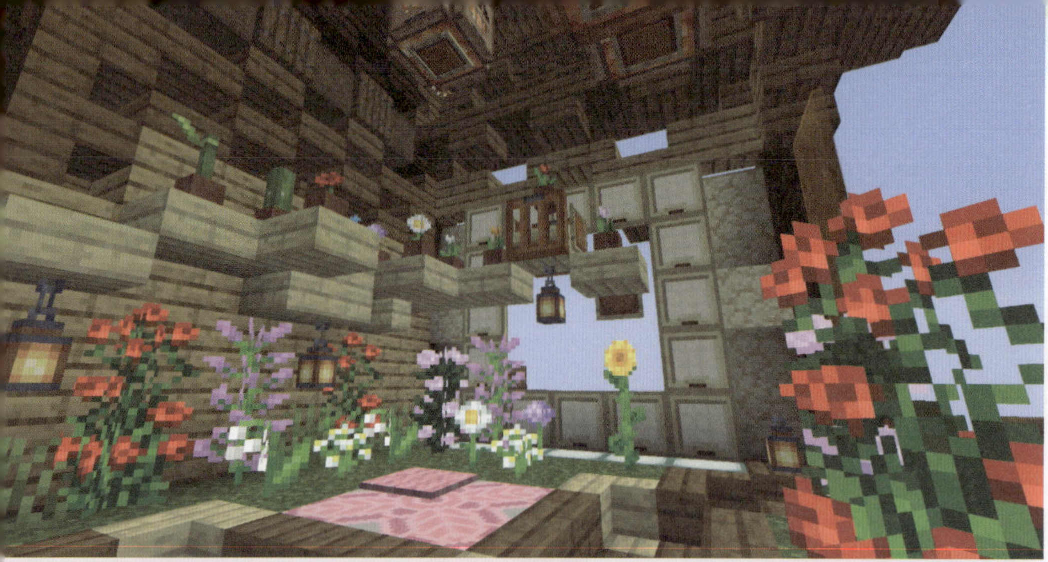
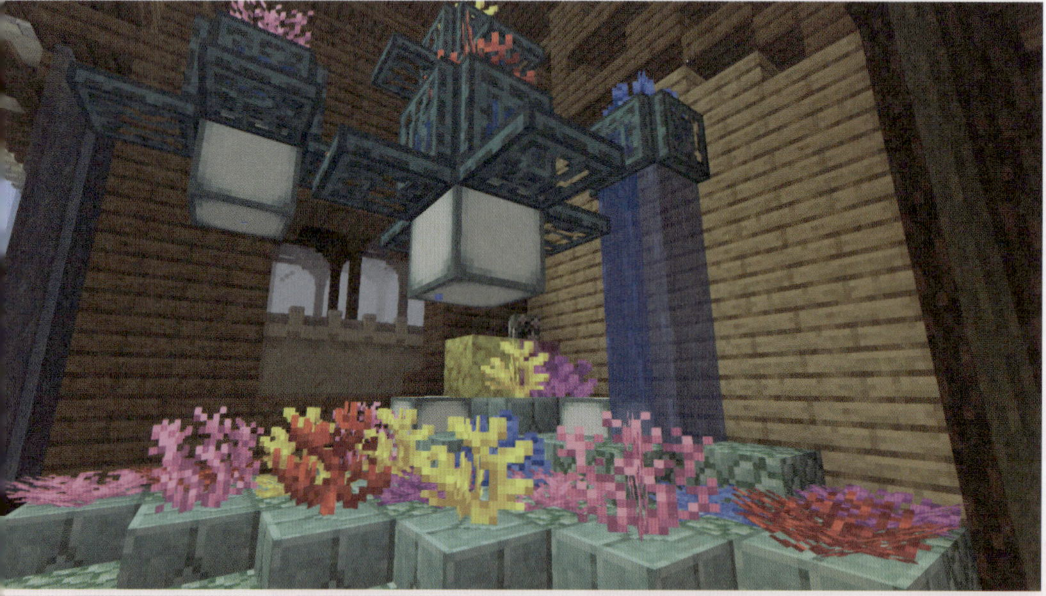
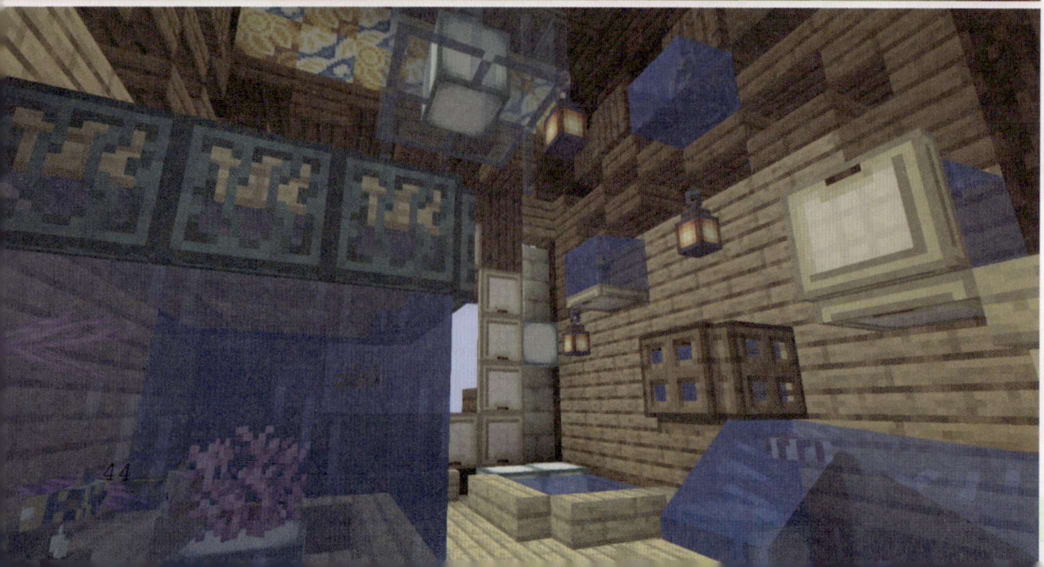

自然空间（花园、温室、水族馆）

这是我们收纳自然事物、细心呵护的区域。我们可以把自然中的诸多事物搬进这个小小的空间，但需要注意，内饰空间的风格需要统一。举个反例，若将竹子和珊瑚放在一起生长，这个空间会失去它应有的主题。

这里可以放置的部件：花盆、绿植、吊篮、花坛。

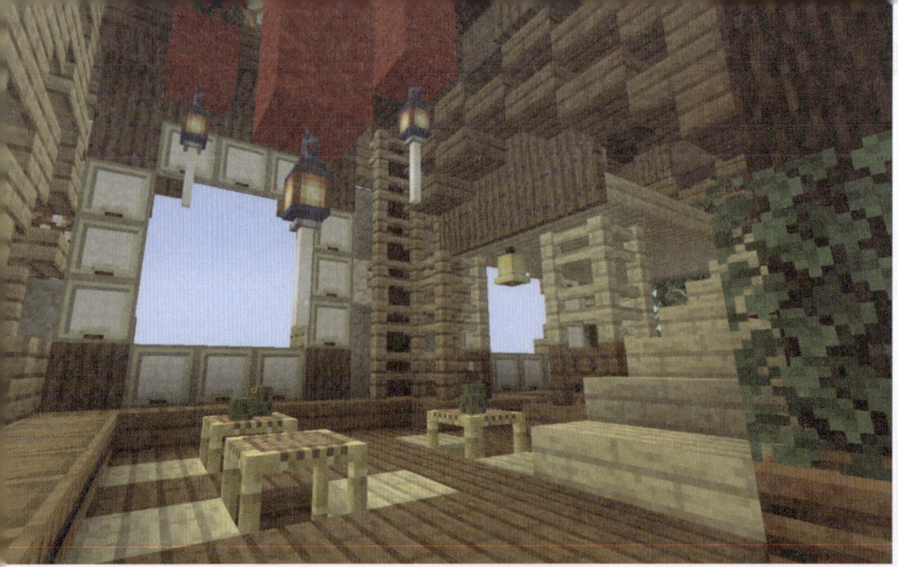
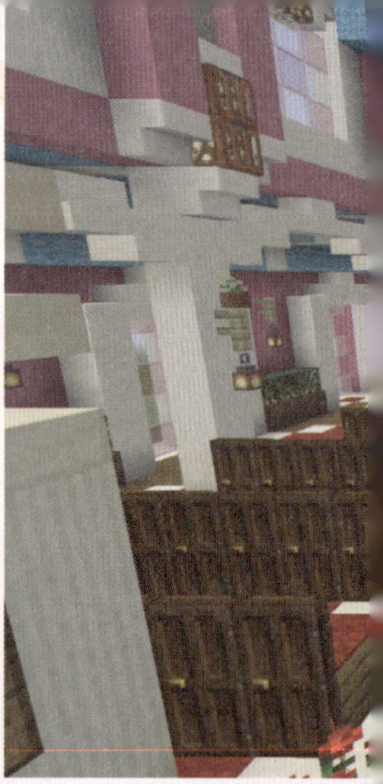
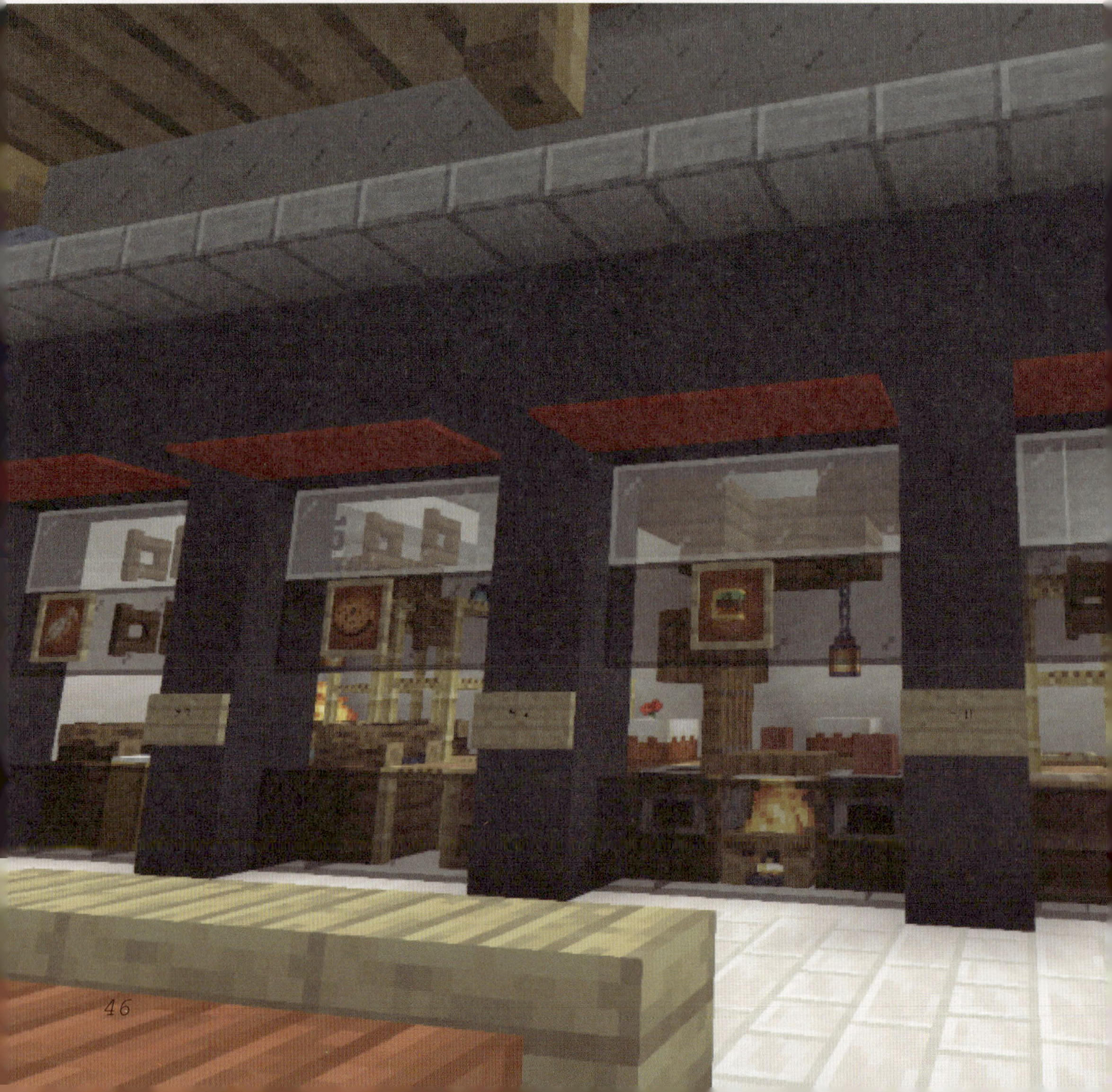

创意空间（蛋糕店、茶馆、礼堂、小吃摊）

这是尤其需要吸引眼球的空间。我们可以在这里尝试布置任何我们想到的新奇物件或创意组合——发挥你的想象力吧！

适合在这里放置的部件：自动贩卖机。

先用混凝土搭出两格厚的L形，在空缺处分别填上书架和玻璃，在顶部放置羊毛地毯，最后在正面左下贴上旗帜，右下放上按钮。

06 建筑实例

初出茅庐：地中生存基地

难度：★

在生存初期，我们往往没有足够多的资源。此时，建筑的小而精则显得尤为重要。我们需要使用尽可能少的建材和精力，去实现尽可能多的生存功能。因此，依托山体、洞穴一类的地形优势建造建筑，会是一个不错的选择。

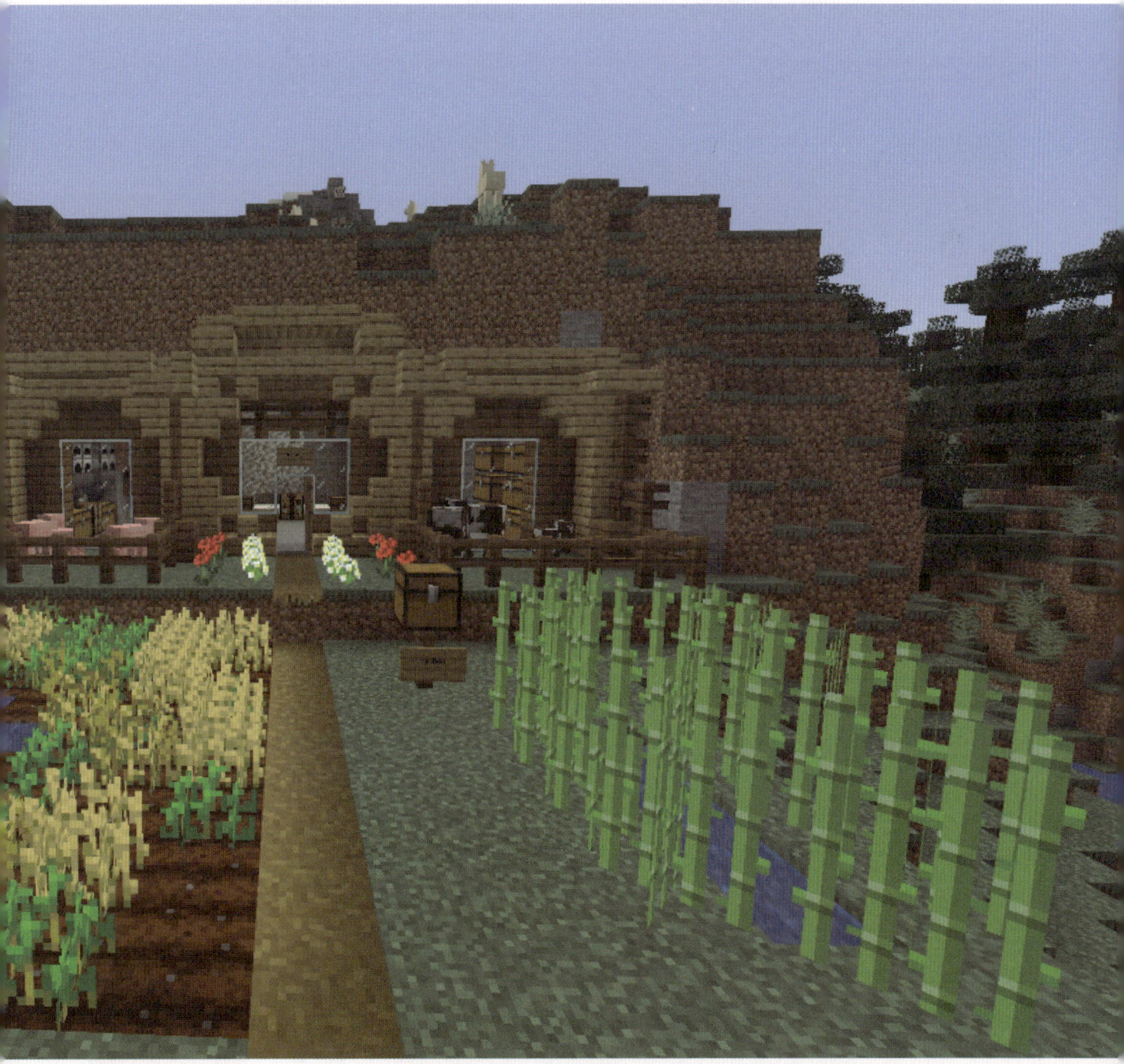

01 寻找一个近乎垂直的山体。

02 将山体外侧的泥土清除，平整立面。

03 用木板勾勒出轮廓。

04 持续向山体内挖掘，留足空间。

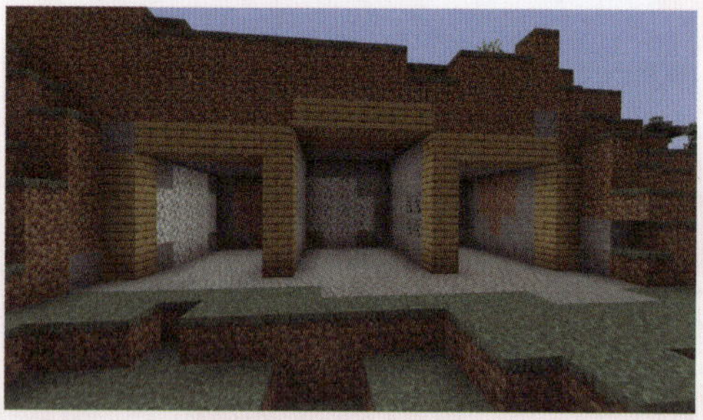

05 用木楼梯和台阶制作外檐，用木栅栏制作柱子。

06 向内一格，在四角放置楼梯，做出窗花。

07 再向内一格，用木板制作墙体，可以用玻璃填补中间的空隙来提升采光。

08 平整地基外面的地面，用铁锹做出小径。

09 在两侧围起栅栏，用于饲养各种牲畜。

10 在更外围的平地灌溉成田，种植小麦、甘蔗等作物，同时可以添加一些花草作为装饰。

11 室内部分，分为三个房间：大厅、储藏室、挖矿室，以用于生产需要。

小试牛刀：坚壁清野城堡

难度：★★

在一望无际的平原上，我们可以筑起防御工事，抵御来自外界的各种威胁，并在城内实现自给自足。这座城堡需要大量的石砖、石砖楼梯、石砖台阶和石砖墙，在建设前需做好充足准备。

01 挑选一块足够平坦的地方，并加以平整。

02 开始搭建城墙。

53

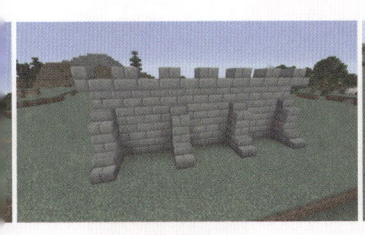

03 开始搭建城楼。

04 重复02、03步骤，将内部空间用城墙环绕包围。

05 在正门口破开城门，并用圆石铺设道路。

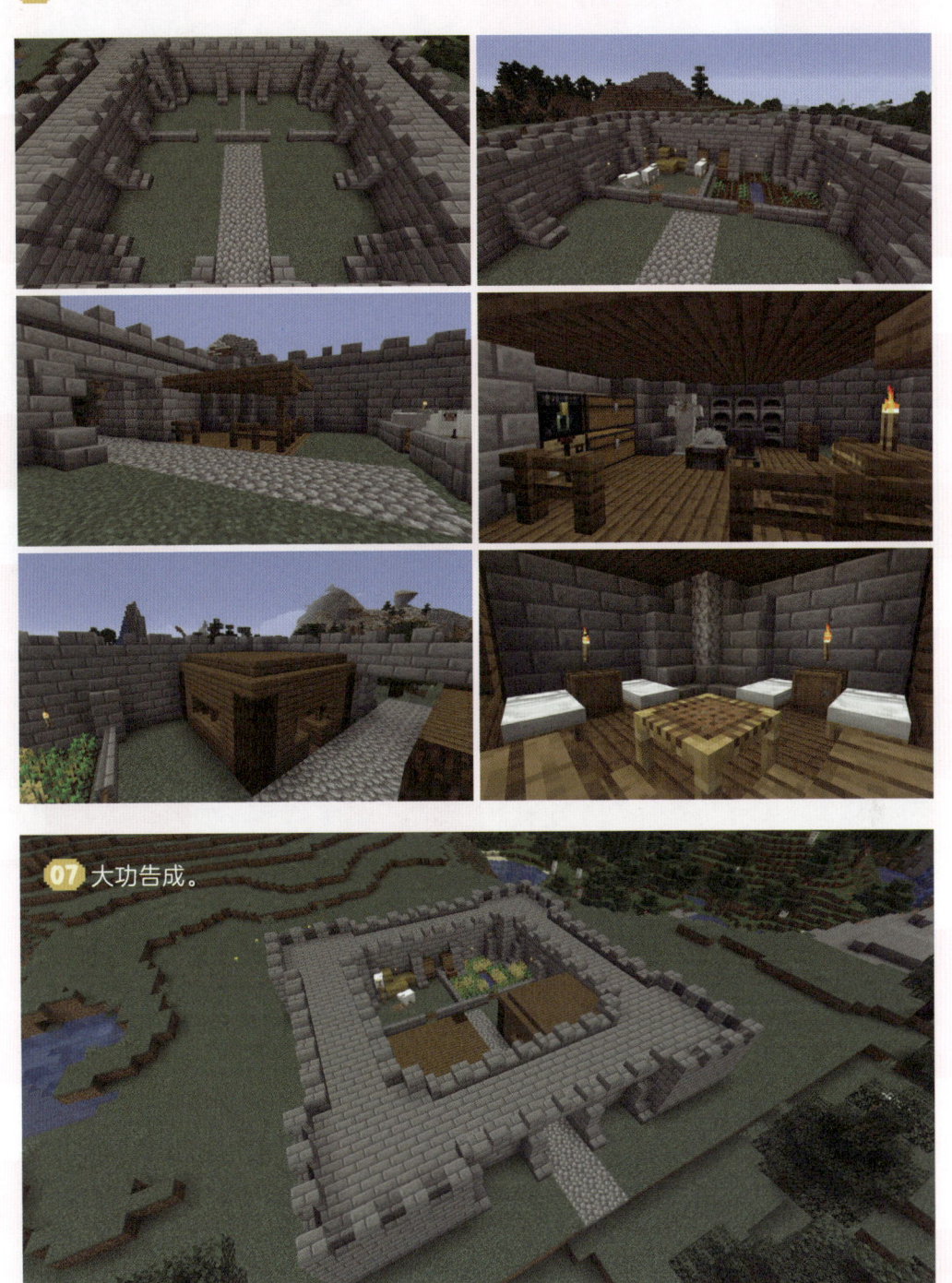

06 开始内部规划：左上为养殖场，右上为农场，左下为铁匠铺，右下为宿舍。

07 大功告成。

游刃有余：中世纪小酒馆

难度：★★★

当生存物资足够充裕的时候，我们可以尝试使用多种不同材质、不同结构的方块来搭建更精美的建筑物。耕作、挖矿之余，若想要找地方小酌一杯，那下面的这座中世纪风格小酒馆一定是不二之选。

01 地基搭建。在外圈垒起2格高的圆石作为地基轮廓，其中填充交错相间的白桦木板和云杉木板作为地板。定位好入口的位置，搭建好楼梯和小道。

02 地基外围装饰。在地基外围"贴"上一层装饰性结构，需要用到石砖、錾制石砖、石砖楼梯和台阶。

03 **树立柱子。**在先前勾勒出的圆石地基上，间隔放置云杉木和圆石。

04 增高柱子，连起墙面。向上堆高云杉木柱子，并在云杉木之间用玻璃板（窗户）、圆石楼梯（窗框）连接。

05 排布一楼内部格局。为了便于直观展示，在开始二楼的建造之前，先完成一楼的内饰及通往二楼的楼梯。在酒馆中，我们需要制作吧台和酒桌。

吧台：用活板门、告示牌制作吧台装饰，用酿造台制作酒桶。

酒桌：用楼梯制作椅子，栅栏上放置地毯制作桌子。

提前建造好通往二楼的楼梯。

06 为一楼封顶。将墙体用云杉木向上堆叠一格。根据先前的云杉木—圆石的放置位置，向外延伸云杉木—云杉木楼梯，作为支撑结构。并在云杉木上放置石按钮。用云杉木板和作为横梁的云杉木填充中间的二楼地板部分。

07 搭建二楼墙体。交替放置云杉木—石英块—蓝色羊毛—石英块—云杉木。同时和一楼墙体一样如法炮制，安放窗户。

同样地，在顶部向外延伸云杉木和石按钮，并在四周倒放云杉木楼梯作为支撑结构。

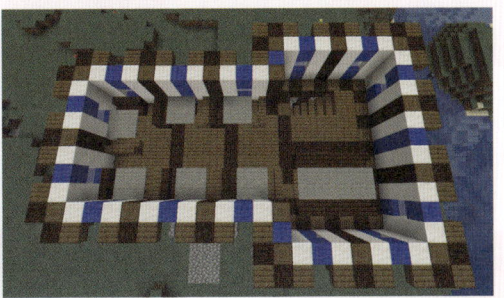

08 建造屋顶部分。先建造好窄面的屋顶样例,需要用到云杉木、石砖及其楼梯、台阶。

用云杉木楼梯连接之前建造好的两侧面。在中轴位置,楼梯应当转向,以用于连接面向正面的屋顶侧面。

正面屋顶连接完成图如右图所示。

09 **完善光照。** 用石墙和萤石在二楼内顶部制作吊灯。

10 大功告成。

大显身手：中式十字阁楼

难度：★★★★

01 寻找一座高山，清平山峰的顶部。

02 搭建正方形的地基，并在四周树立原木柱子。

03 在柱子内侧填上木板墙壁。

04 在木板墙上堆叠不同颜色的沙石,并在外侧依照图示贴上木楼梯和木台阶。

63

05 在沙石上堆叠两层不同颜色的混凝土，并继续在外侧依照图示贴上木楼梯和木台阶。在柱子所对应的位置，向外延伸木楼梯，在其间间隔的位置，向外延伸木台阶，用于支撑屋顶的结构。

06 在混凝土墙上堆叠沙石，为第二层建造提前做准备。然后开始制作第一层的屋顶：在刚刚的支撑结构上，铺上石质台阶作为瓦片；在屋檐的最外侧，放置闪长岩或石英等白色的台阶。没有支撑处，瓦片向下放置半格。随着向中心靠拢，瓦片不断抬升。在屋檐四角处，瓦片需微微翘起。

07 开始二层的建造。墙壁可以根据个人喜好进行设计。支撑结构的建造过程如同步骤05。

08 使用步骤06相同的方法，建造第二层的屋顶。

09 最后,做出顶部的"十字脊"。

10 可以在飞檐翘角处垂下锁链—灯笼—红色羊毛—钟,模仿中式灯笼的形状。

⑪ 大功告成。

来点硬的：红石入门

导言

红石，是《我的世界》游戏中一个独特的存在，从游戏远古时期开始，就已经有对红石电路的研究。由于红石逻辑顺序的独特性、红石元件的多样性，发展出了许多独特的玩法。别看红石在游戏里一点都不起眼，通常玩家甚至会把它当作垃圾物品一样丢掉，但是，通过将这些红石经过不同的器件连接起来，就能创作出许多奇妙的设计，小到简单机械（如自动门、光开关、频闪电源），大到占地巨大的电梯、自动农场、盾构机、小游戏平台，甚至游戏内建造的计算机。在红石玩家的手里，没有他们做不到，只有你想不到，也正是因为红石独特的玩法，极大地提高了整个游戏的上限，也让《我的世界》这款游戏充满了魅力，也是其销量冠绝全球的助推剂。

本篇内容则聚焦于红石最基础的部分，内容简单易于理解，让我们打开红石电路的大门，来感受红石科技的魅力吧！（本文实验环境为Java版1.16，其他版本会有部分出入。）

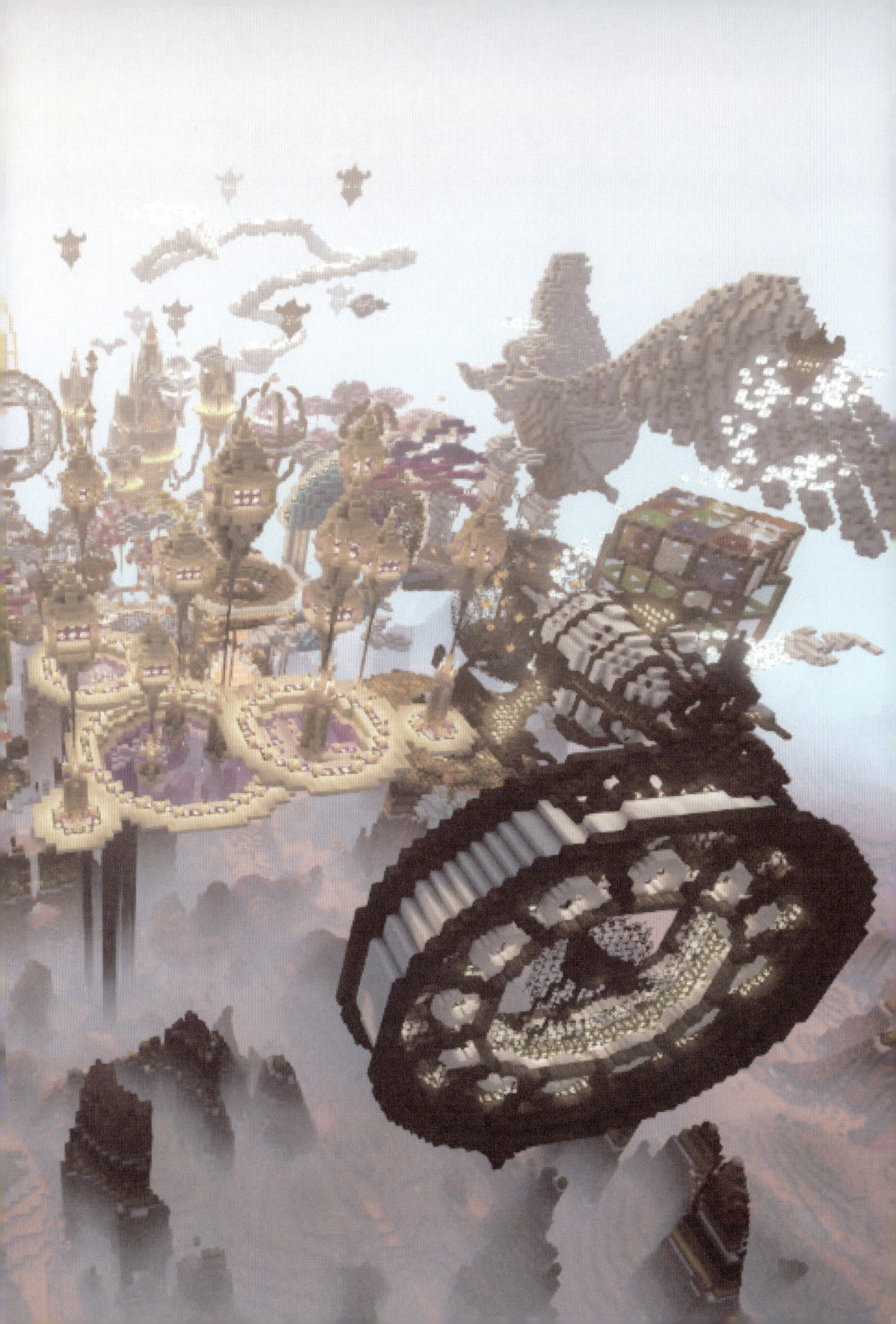

01 红石基础概念

游戏刻

在《我的世界》中，所有的游戏时间和事件都是由一个叫作游戏刻（game tick，gt）的最小单位时间来完成运行的。也就是说，游戏里看似连续发生的事情，实际上都是由一个一个微小的时间刻度来完成的。比如游戏内一天的流逝，看似是太阳和月亮围绕着天空转了一圈，实际上是将20分钟拆分成2.4万个游戏刻，每一刻天空向前旋转一点，从而完成一天的周转。

在游戏中，1s会经历20gt，1gt=0.05s，正是因为游戏刻十分微小，肉眼往往难以觉察到，所以我们会觉得游戏是连续进行的。假如我们通过一些模组，让游戏刻变慢，甚至停止，我们就如同生活在一个慢下来的世界中，周围的一切事物都会一件一件去执行。

坐标

由于《我的世界》是一款3d游戏，因此有3个坐标轴来表明坐标信息，当我们进入游戏，按下键盘上的F3键，就能看到游戏中出现了很多行信息。

其中左侧的XYZ后面跟的数字，即为玩家所在的坐标，而右侧的Targeted Block即为玩家所看向的方块（即图片中的铁块）所处的坐标。

如同我们在数学课上学到的坐标一样，当我们

红石理论经过了长时期的发展，已经有了一套相对完整的理论体系，从编程的角度来讲，红石本质上是由计算机语言所组成的程序，但是其具备的特性，与逻辑电路有共通之处。直接讲述红石很难有一个直观的认识，因此在真正了解红石之前，还需要掌握一些游戏内的基本概念。

站在世界的一个坐标点上，可以用正负X、Y、Z来描述位置关系，比如上页图中，铁块在玩家的正Z方向（也叫南方）。由于世界的太阳总会从正x方向升起，负x方向落下，类比于真实世界，可以用东（+X）、南（+Z）、西（-X）、北（-Z）、上（+Y）、下（-Y）来描述方向。部分红石元件会具有一定的方向性，而多数红石元件会对其周边产生影响。

充能与激活

充能和激活在本质上都是指红石元件受到红石信号影响的状态，但是对于国内传统红石研究而言，经常用充能和激活两个词来分别代指方块和红石元件所处的状态。

充能指的是一个实体方块（solid block）在收到红石信号后，能够将红石信号传递给周边红石元件的现象。比如，将红石中继器对准一个铁块，铁块上方和下方的红石线同时点亮；将固体方块上的红石粉点亮，方块四周的红石灯都会亮起等。

激活是指红石元件在收到红石信号之后，发生自身状态的改变。比如，活塞推出，活板门、栅栏门打开，音符盒响起，红石灯点亮，发射器、投掷器运作等。

注意：充能和激活可以同时存在，充能只作用于实体方块（类似于石头、铁块等，而玻璃、树叶、半砖等透明方块不行）。

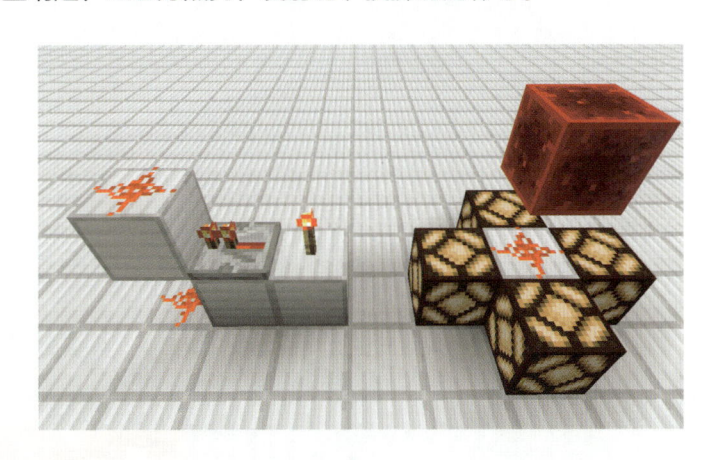

方块透明度

　　方块的透明度，具有多方面的解释，比如石头和玻璃，从游戏材质角度来看，一个无法透光，另一个则可以透光。而对于红石性质而言，这种在光学上透明的方块往往无法被充能，因此把这一类收到红石能量，却无法充能的这一类方块称作透明方块（即非实体方块），红石性质的透明方块看起来并不一定是透明的。而相应地，这种像石头一样，可以被充能的一类方块被称作实体方块。

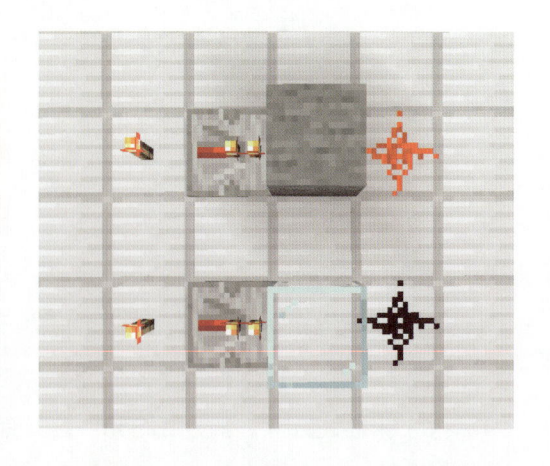

　　当红石元件指向实体方块且为其充能时，此时方块可以看作为红石块，激活周围的红石元件。而当红石元件指向透明方块时，无法传递红石信号，即透明方块无法被充能。

　　由于不同方块具有不同的透明度，记住每一个方块肯定会是一个很大的负担，下面是一些结论，来帮助你对透明度进行判断：

　　1. 表面不完整和材质透明方块基本上为透明方块，实体方块通常是完整的。

　　2. 将方块放在激活的信标之上，无法透光的为固体方块，透光的则为透明方块。

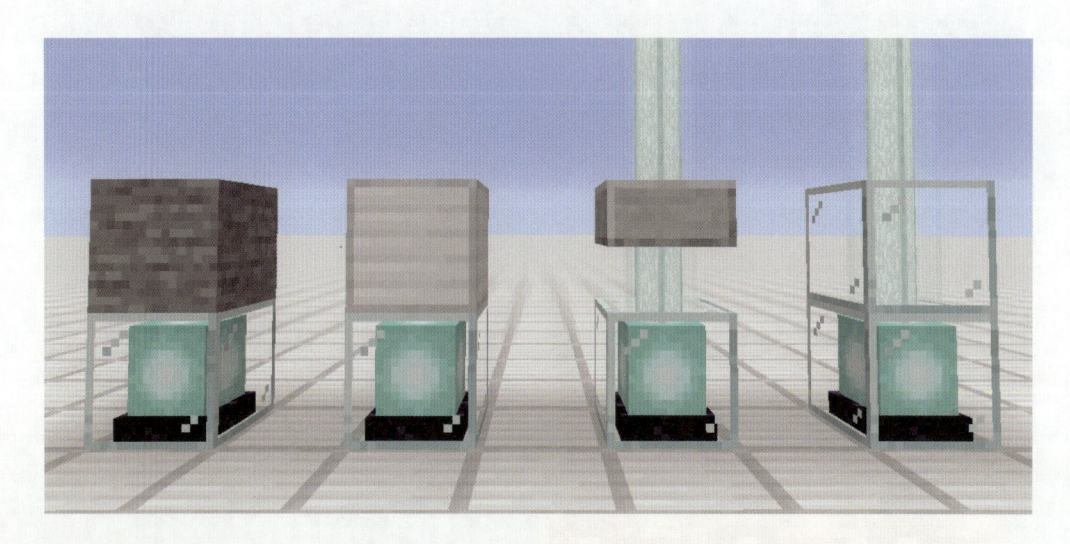

3. 玩家在实体方块内会受到挤压伤害，而在透明方块内不会。

4. 实体方块放在箱子上面时，箱子无法被打开（压箱），而透明方块则不会。

5. 实体方块放在上下两相邻高度且连接的红石线上，红石线会被断开（压线），而透明方块则不会。根据这个结论，可以让红石线在透明方块上进行爬升，从而达到信号上传的效果。

以上结论适合多数情况，但由于游戏内有各种形式各异的方块，会有极少数方块不符合以上的特性，因此在游戏过程中需要对特殊情况单独记忆。

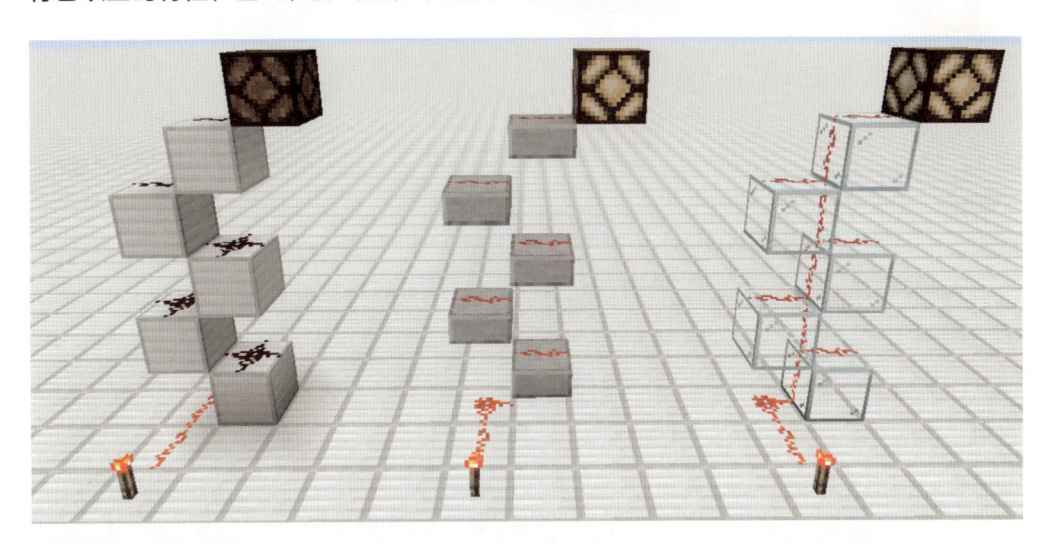

信号与延迟

从前面几个简单的例子可以看到，红石线具有亮和灭两种状态，而其他红石元件大多也具有类似的两种情况，我们将红石元件的激活和实体方块的充能现象统称为红石信号。对于一般红石元件来讲，红石信号可以分为"有"和"无"。而红石线比较特殊，根据传输的距离会有不同的信号衰减，可以将信号强度划分为 0~15，其中 0 信号强度代表无红石信号，其余信号强度代表有红石信号。

而当我们在对红石元件进行激活的时候，会发现有些元件并不会立刻响应，而是等了一段时间之后，才会产生响应。这种不同于红石线在被激活时瞬时响应，而是经过一定时间再发生响应的现象，被称为延迟。对于多数红石元件而言，延迟是固定的，例如中继器的 4 个延迟等级分别为 2gt、4gt、6gt、8gt。红石火把、侦测器、红石比较器的延迟为 2gt，发射器、比较器的延迟为 4gt。因此，我们在想要对电路加上对应的延迟时，可以通过将这些元件相互组合，以达到想要的效果。

02 基础红石元件

红石粉与红石线

红石粉只能放置在上表面完整的方块上，将红石粉放在上面时，会以十字状态附着在方块表面，此时红石具有传递红石能量的作用。此时若激活红石粉，则可以为红石线所附着的固体方块，以及四周所指向的固体方块充能。右击红石粉，则变为点状红石（1.16+），此时激活红石线后，仅可以为所附着的方块充能。

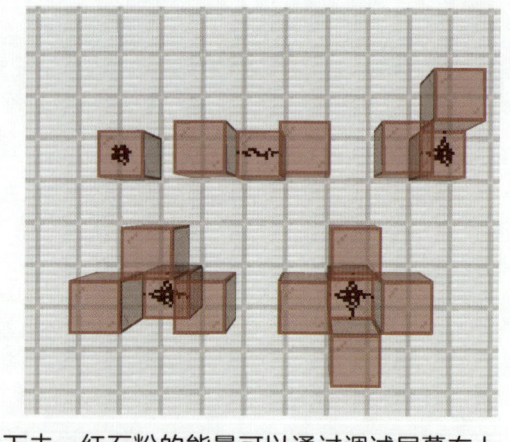

右图为不同状态的红石粉所能充能的范围。根据之前介绍的关于充能的知识，若所充能位置为实体方块，则可以激活实体方块相邻的所有位置的红石元件（红石粉除外）。

将红石粉连接起来，此时红石粉会与周边的红石粉进行连接，从而形成红石线，类比于生活中的导线，若用红石元件来激活红石线，红石信号会顺着红石粉传递下去。红石粉的能量可以通过调试屏幕右上角的power列表来显示，或者使用带有红石能量显示的材质包来显示。红石线的信号强度范围为0~15，而红石线的传递是有能量消耗的，每传递1格，红石能量衰减1，因此当传递一定范围之后，红石粉的能量消耗殆尽，便无法为周围的方块充能。

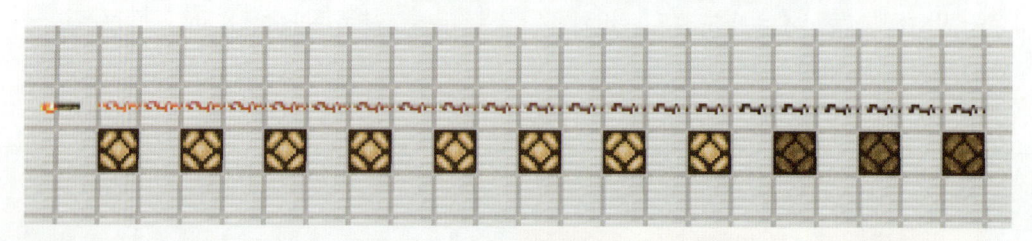

通过对以上内容的阅读，相信你已经大致了解了与红石相关的基础知识。那么接下来，将会按照元件顺序，一一讲解这些元件的基本性质。

红石线可以跨越一格高的方块进行传输，因此可以将红石信号向上或者向下传递，再结合前文方块透明度中关于压线的知识，可以做出具有不同信号传递特性的红石电路。

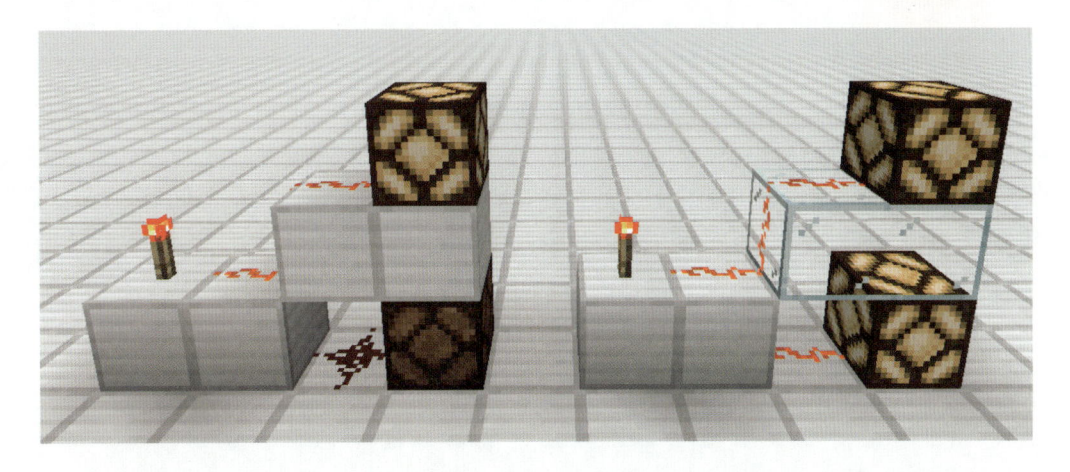

而对于透明方块而言，具有更独特的性质，红石信号只能够向上传递，而无法向下传递，类比于电路中的二极管，这种特性也被称作单向导电性。

红石粉的激活，需要类似于电源一样的元件（例如火把、拉杆等），我们把这类元件叫作红石信号输入元件。红石粉并不能无限传递，因此需要添加一些能够维持信号的元件（例如中继器、比较器等），这类元件称为红石信号传输元件。而红石粉所能激活的元件（例如红石灯、活塞等），就像生活中的电器一样，被称为红石信号输出元件。

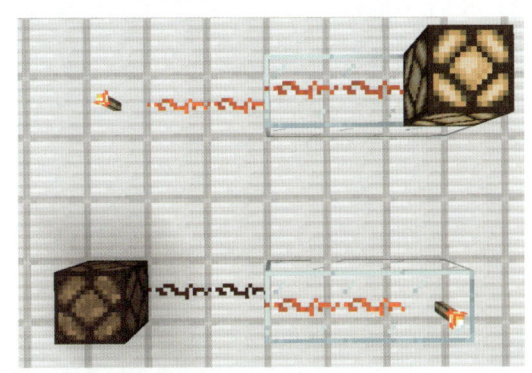

红石信号输入元件

红石信号输入元件是指只能够产生红石信号的元件,对应元件有拉杆、按钮、踏板、红石火把、红石块、侦测器、绊线钩、陷阱箱、激活铁轨、阳光传感器、幽匿传感器等。这里将会选取部分常用红石信号输入元件进行介绍(以下所有图中黄色部分为激活红石元件位置,红色部分为充能位置,白色部分为附着方块)。

红石块

首先从最简单的红石块开始,红石块能够激活周围6个方向的红石元件,相当于红石块所处的位置可以看作是一个被充能的实体方块。

由于红石块本身是透明方块,因此在红石块上并不会刷怪,当箱子处在红石块下方时也可以正常打开。

红石块可以被活塞推动、黏液块拉动,因此在一些机械电路中,红石块可以作为移动电源,在时序控制下,对电路的不同部分进行激活。

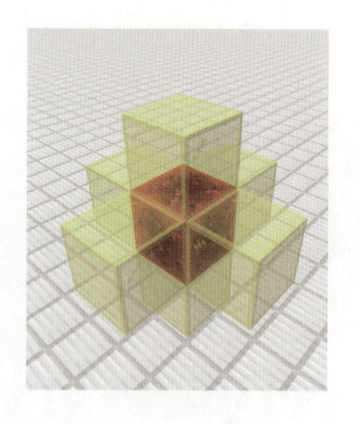

红石火把

不同于红石块的特性,红石火把具有附着在完整方块表面的特性。红石火把可以为其元件上方的方块充能,同时激活自身与所充能方块周边的红石元件。值得注意的是,红石火把不会激活自身所附着的方块位置。

当红石火把所附着的方块是实体方块且收到其他红石能量而被充能时,红石火把会延迟2gt熄灭。这种独特的性质,可以用作非门来控制红石信号。

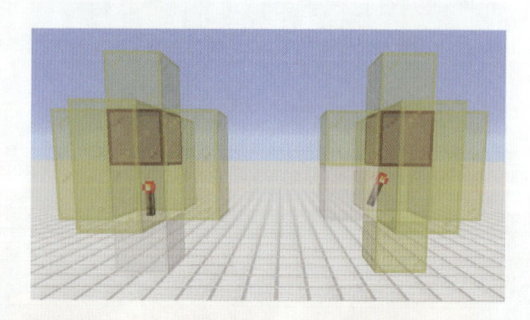

拉杆、绊线钩与按钮

类似于红石火把，拉杆也可以附着在完整方块表面，甚至可以附着在方块下方。当拉杆被拉下时，能够发出红石信号，但与红石火把相反，拉杆能够为其所附着的方块充能，并激活自身与附着方块周围的红石元件。

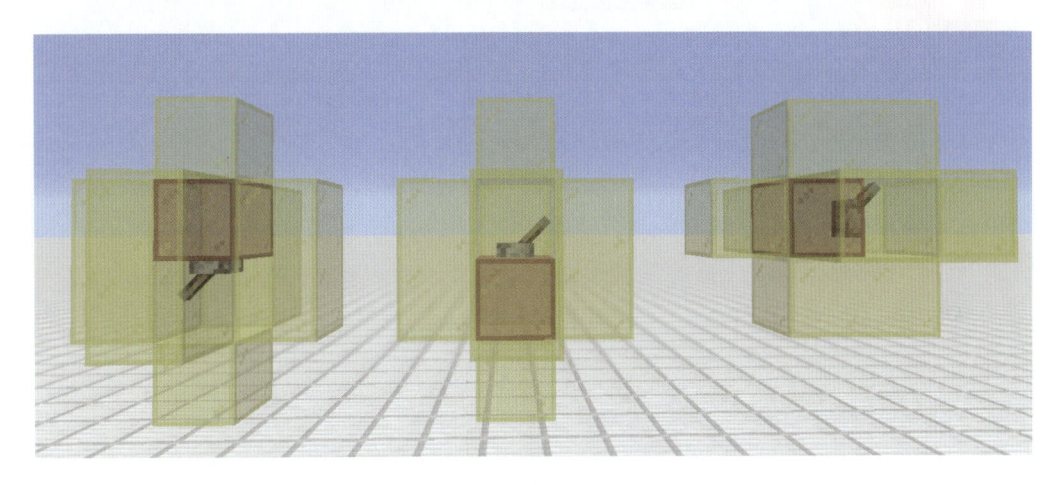

绊线钩只能附着在方块的侧面，当绊线钩所朝向的方向上有一个对应的绊线钩，且绊线钩中间由蛛丝连接时可以形成绊线钩电路，在实体触碰到绊线时绊线钩会发出持续 10gt 的红石信号。绊线钩的充能方位与拉杆相同，绊线本身不会发出红石信号。

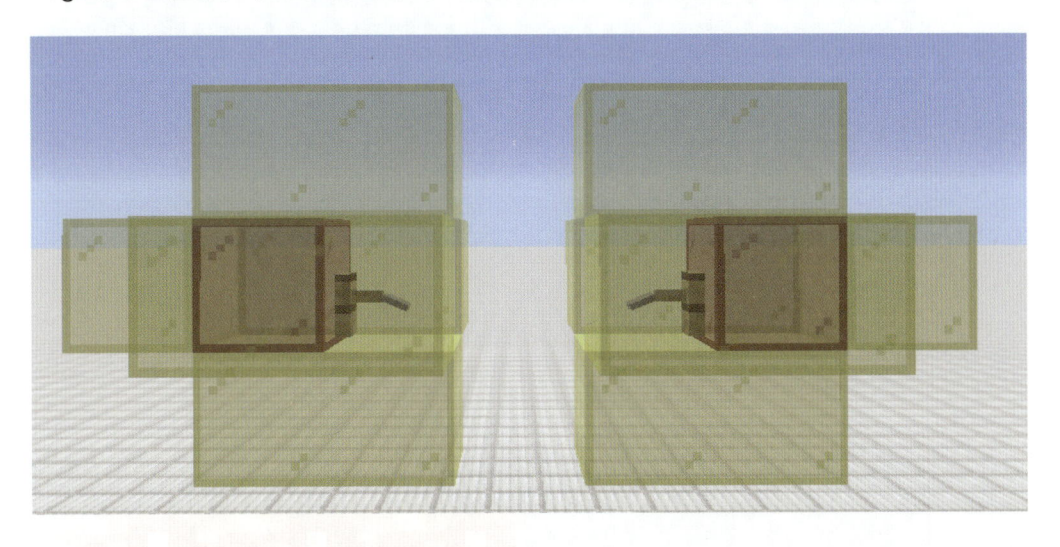

按钮的附着特性以及充能方位和拉杆的相同，与拉杆不同的是，木质按钮还可以被发射出去的弓箭、抛掷出来的三叉戟激活。木质按钮可以发出持续30gt的红石信号，石质按钮可以发出持续20gt的红石信号。

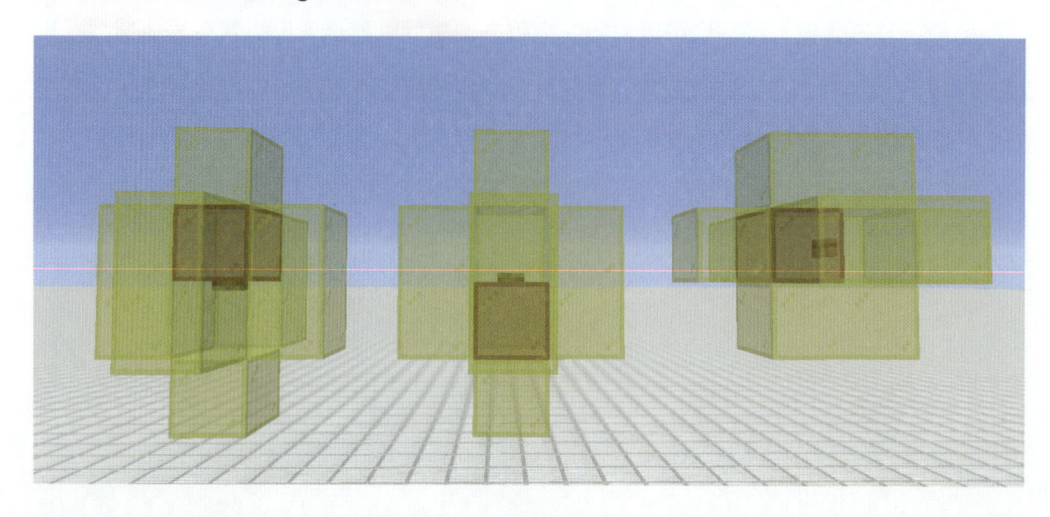

压力板

压力板只能附着在完整方块的上表面，是一种可以用来探测玩家、生物等实体的红石元件，压力板的充能方位与附着在方块上方的拉杆或者按钮相同。

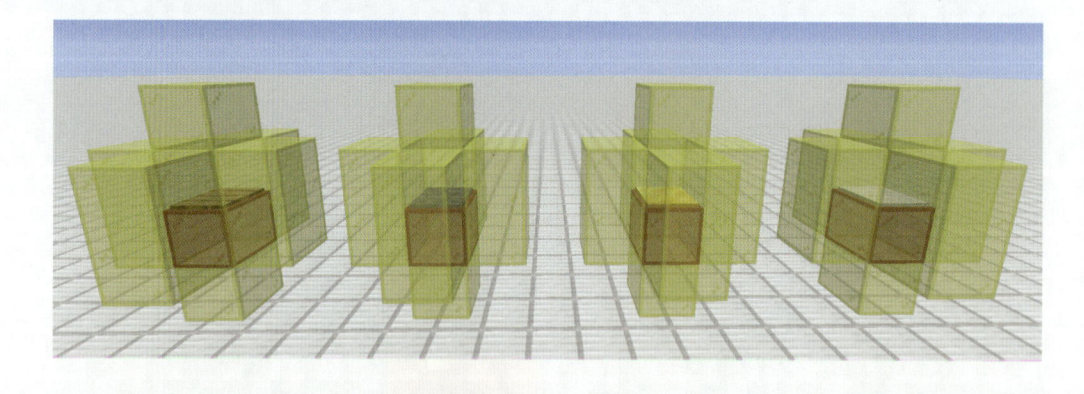

压力板具有4种不同的材质，分别为木质压力板、石质压力板、轻质测重压力板和重质测重压力板，其触发条件和红石信号属性各不相同。

侦测器

侦测器是具有方向性的，其中带有"脸"的那一面用于侦测器检测，而带有"屁股"的那一面可以产生红石信号。当侦测器检测到面前的方块发生状态更新时，侦测器会向输出方向发出持续2gt的脉冲信号。

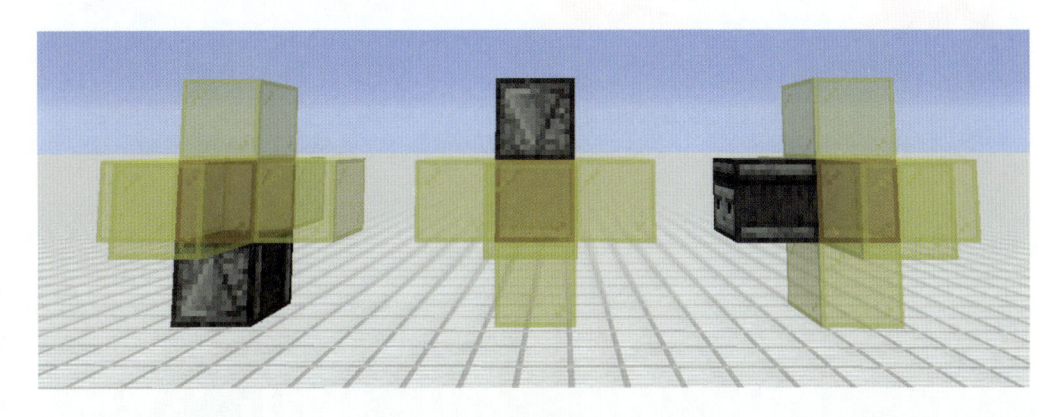

由于侦测器检测更新，并且能够产生短脉冲的独特性质，一经出现，在械电领域内引起了极大的震动。由于很多方块都能够有状态的改变，而这种改变可以被侦测器检测到。因此，红石玩家发明了许多不使用红石粉就能完成红石信号传递的方式。不夸张地说，侦测器的出现，拓宽了械电领域的多样性和可玩性。

其他红石信号输入元件

以上是一些经典的红石信号输入元件，其他红石输入元件还包括标靶、阳光传感器、幽匿传感器、陷阱箱、讲台、探测铁轨等，其充能方位如下图所示。

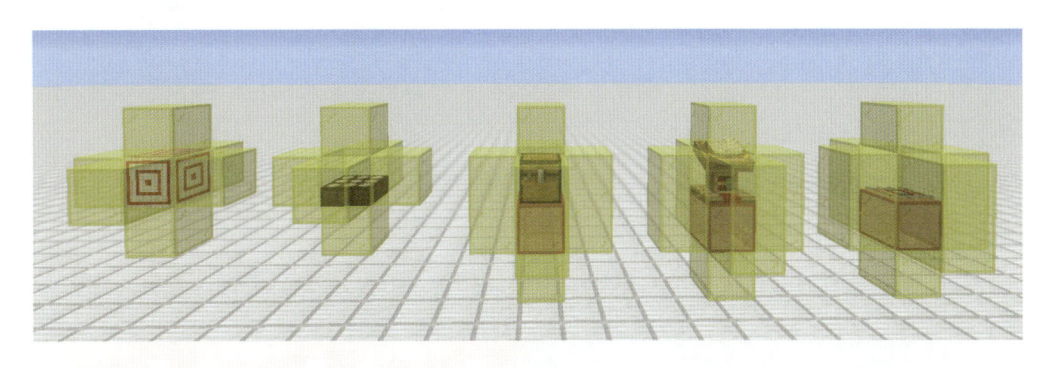

红石信号输出元件

红石信号输出元件是指在红石信号的激活下，自身状态发生改变的元件，比如活塞、音符盒、红石灯、铁轨、活板门等。这里将会对常见红石输出元件进行介绍。

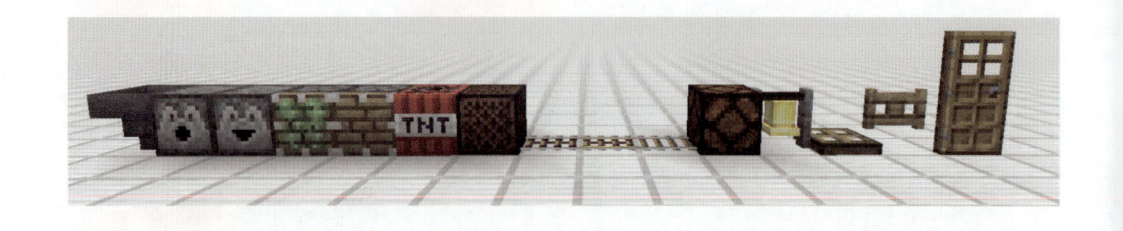

普通铁轨、动力铁轨与激活铁轨

这几类红石输出元件比较简单，在所处方块处于被红石信号激活的位置时，只会发生自身状态的改变。

其中，活板门、栅栏门和门根据红石信号的有无分别对应其开和关，而钟需要收到脉冲信号（即信号由0变为1时会发出一次响应），而红石灯则会根据有无收到红石信号决定其亮和灭。当红石灯亮起时，会发出亮度为15的光照。上述红石元件在收到信号时都会立即响应，只有红石灯在熄灭时有4gt的延迟。

普通铁轨、动力铁轨与激活铁轨

而当铁轨收到红石信号后，会改变铁轨转向，可以通过这类特性，做到类似物流运输控制的效果。

动力铁轨被激活时，可以使上方正在运行的矿车实体加速，如果动力铁轨失去激活状态，则会使运行矿车减速，直至停止。

激活铁轨被激活时，可以使上方矿车内的生物下车，如果上方是TNT矿车，则会激活TNT矿车。

当动力铁轨和激活铁轨被激活时，可以让周边8格以内的同种类铁轨也会被激活，而铁轨状态的改变，可以被侦测器、方块更新检测器检测到，因此还可以用作电路信号传输单元。

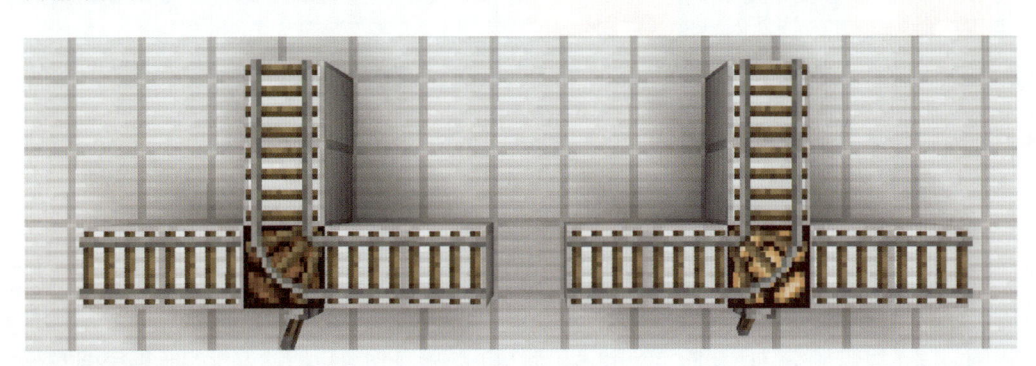

音符盒与TNT

音符盒在被红石信号激活时会发出声响，其中的音色由音符盒下方方块材质决定。和动力铁轨与激活铁轨一样，音符盒在状态改变时也会被侦测器和方块更新检测器检测到。

TNT，是游戏内具有最大杀伤性的单位之一，当TNT被红石信号激活时，TNT会由方块转变为点燃的TNT实体，此时TNT会像空中的沙子一样降落，在经过80gt之后爆炸，正是由于点燃的TNT实体可以被活塞和水流等推动而改变位置，因此红石玩家发明了矢量炮来专门研究TNT的爆炸特性。

普通活塞与黏性活塞

在众多红石元件当中，活塞显然是最为有趣的元件之一，相较于其他静态的红石元件，活塞被激活时，可以改变方块所在的位置。再配合上黏液块、蜂蜜块等可以黏结方块的物品，这样就可以移动整个模块，从而做出更多精妙的机器。

活塞可以伸出的部分被称为活塞头，当普通活塞或者黏性活塞被激活时，若面前的可推出方块不大于12个，活塞会将面前的方块向前推出。而当活塞失去激活状态时，普通活塞头会直接收回，而黏性活塞会将面前第一个方块拉回。

81

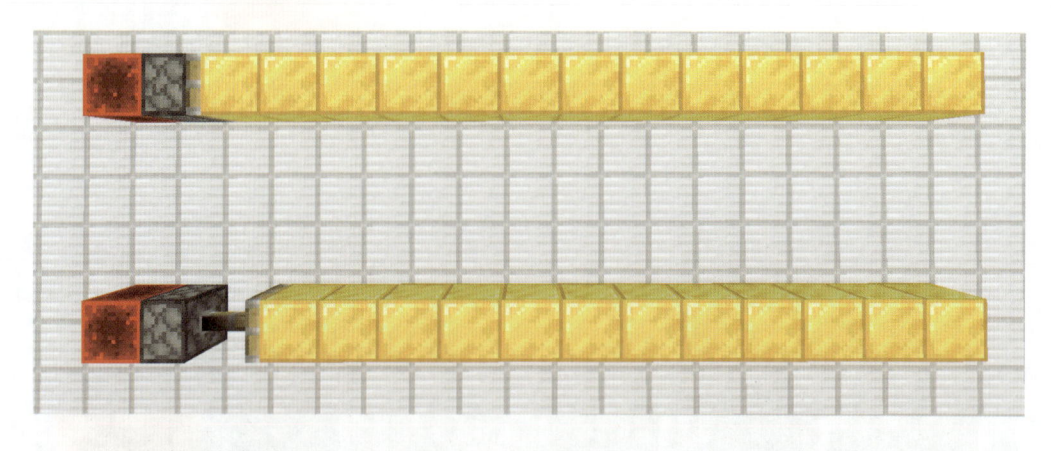

看似未激活的活塞只有一个方块大小，但是其激活方式和其他红石元件却有些许的不同。除了可以被本身所在的方块激活，活塞能够被任何可以激活其上方一格空间的东西激活，这个属性被称作半连接性。

活塞在收到较长红石信号时，推出方块所需要的延迟为2gt或3gt，活塞收回的延迟为2gt。假如黏性活塞收到的红石信号小于3gt，那么将不会回收本次活塞运动所推出的方块，这种情况被称作瞬推。

投掷器与发射器

投掷器和发射器是一类具有容器性质的红石输出元件，也具有方向性。当投掷器和发射器水平放置时，圆嘴的为发射器所朝方向，尖嘴的为投掷器所朝方向。当投掷器和发射器竖直放置时，圆孔为发射器朝向，方孔为投掷器朝向。投掷器和发射器内都有9个格子，用来盛放将要喷出的物品。

当投掷器被激活后，会在4gt后向空气中或面前的容器中丢出一个物品。如果投掷器储存空间的多个格子被物品占据，则会随机丢出一个格子中的物品。

发射器的效果取决于发射的物品，部分物品会和朝向的实体或者方块进行交互，比如射出箭等抛掷物，喷射喷溅药水，发射船、矿车，放置潜影盒，穿戴盔甲，喷出、收回水或者岩浆，使用打火石点燃方块，甚至直接激活TNT等。

与活塞的激活方式相同，发射器和投掷器也具有半连接性。

漏斗

漏斗也是一类具有容器性质的红石输出元件。漏斗可以吸收上方的掉落物，且按每8gt一个的速度从上方容器中吸取物品，并向漏斗嘴朝向的容器内漏物品。由于这种能够传输物品的特性，常常被用作物品传输。

当漏斗被红石激活时，漏斗就会被锁住，会使以上过程停止。

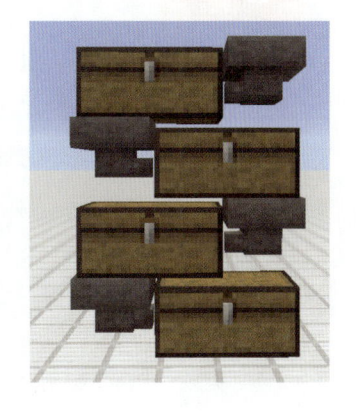

红石信号传输元件

红石信号传输元件是指能够将电路中一部分红石信号传递给红石中继器、红石比较器等元件。

红石中继器

在前面讲到，红石线在传递一定距离之后，信号强度会逐渐减弱，那么就需要一种元件为红石线提供能量来延续信号的传递，这个元件就是红石中继器。当红石信号输入到中继器的尾部时，中继器经过一定延迟之后，从头部发出信号强度为15的红石信号。红石中继器只能放在完整方块的上表面，并且可以为其指向的方块充能。

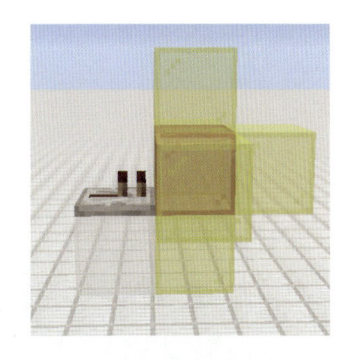

83

红石中继器一共有4个挡位，而不同挡位决定了中继器延迟时间，1挡中继器延迟时间为2gt，2挡为4gt，3挡为6gt，4挡为8gt。由于红石中继器也具有单向导电性，信号只能从尾部传递到头部，而无法从头部传递到尾部。

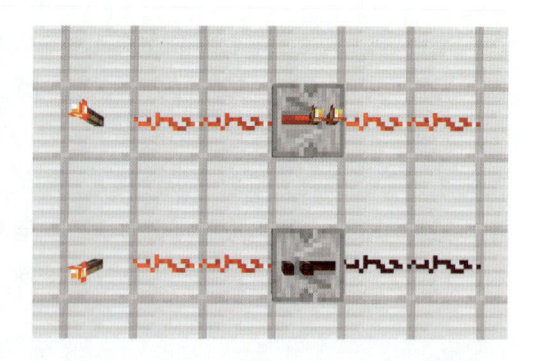

　　除此之外，当红石中继器侧面被另一个中继器或者比较器激活时，那么该红石中继器会改变状态，其中调整挡位的火把会变成基岩材质，该现象被称作红石中继器的锁定。当已经激活的中继器被锁定后，取消信号输入，中继器的输出不会发生变化。同理，若在未激活时锁定，中继器则无法将输入信号输出。

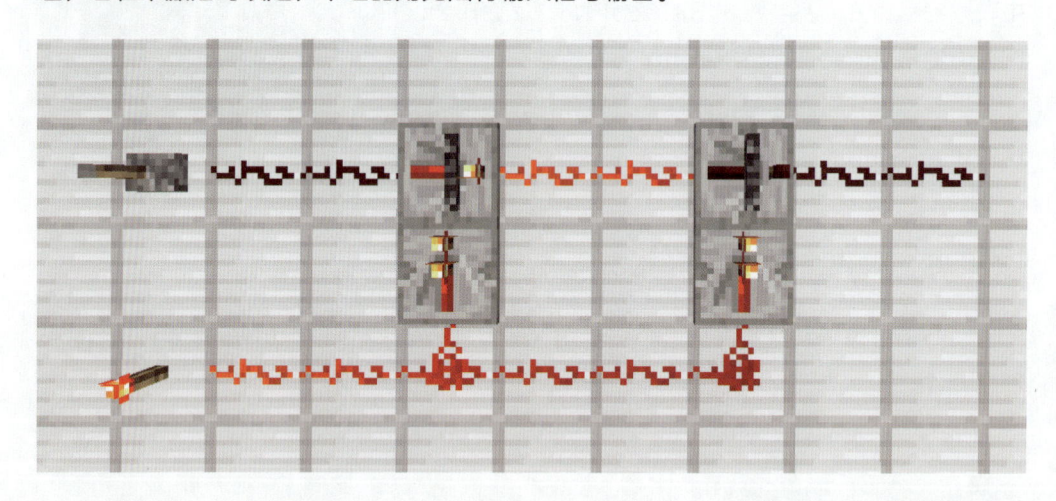

红石比较器

　　和红石中继器类似，红石比较器只能放在完整方块的上表面，并且可以为其指向的方块充能（图中黄色部分为激活红石元件位置，红色部分为充能位置）。

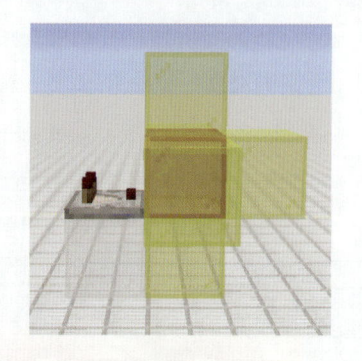

84

和中继器不同的是，当一定强度的红石信号输入到比较器尾部时，比较器输出信号与输入信号相同，因此可以用于维持信号强度。

比较器有两种模式，普通情况下为比较模式，当侧面的红石信号强度小于或等于正面输入信号强度时，输出信号会和正面输入信号相同；而当侧面输入红石信号强度大于正面输入信号强度时，输出信号为0。

当玩家右击红石比较器时，比较器前面的红石灯会亮起，变为减法模式，此时输出信号为正面输入信号减去侧面输入信号，若侧面的红石信号强度大于或等于正面的红石信号强度，则输出信号为0（下图左侧为比较模式，下图右侧为减法模式）。

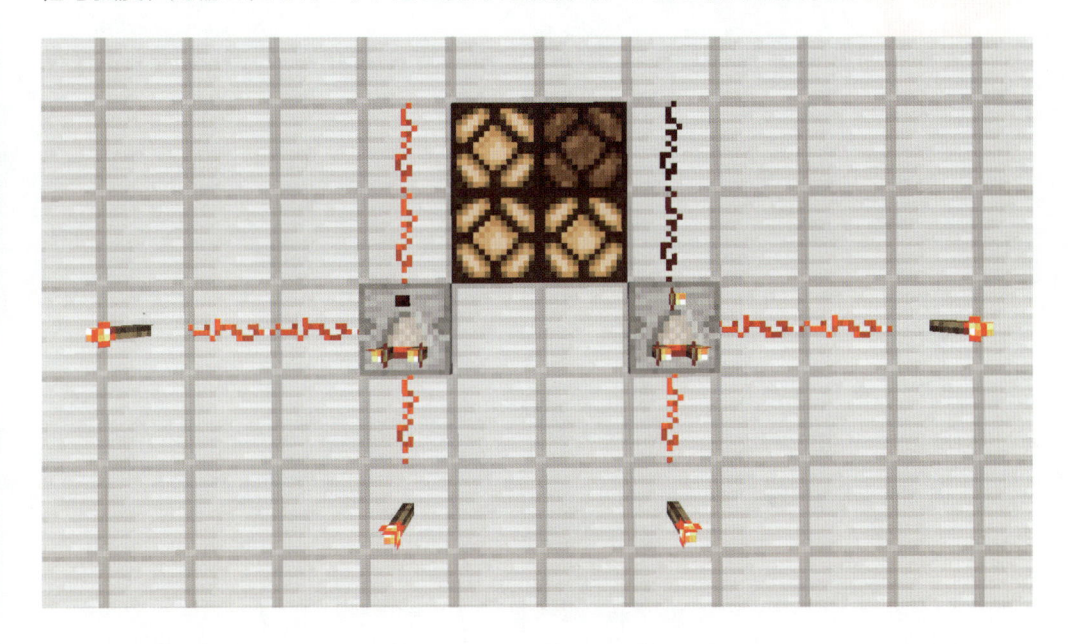

比较器传递信号也有2gt的延迟，和红石中继器类似，将比较器头尾相接，也可以做出具有一定周期的红石时钟。

其他红石元件

其他红石元件是指能够协助红石元件工作或者能被红石信号影响的物体，比如黏液块、蜜块、垂滴叶等，还有一些方块能够被红石元件（比如红石比较器、侦测器、方块更新检测器等）检测到。多种多样的方块共同构成了如今丰富多彩的红石机器。

03 基础电路

简单逻辑门、锁存器与触发器

简单逻辑门包括与门、或门和非门，简单锁存器将会介绍RS锁存器，简单触发器将会介绍T触发器。

与门、或门和非门

我们把红石信号的有无类比于1和0。非门比较简单，即输出信号与输入信号相反，由于和红石火把特性相同，因此常用作非门。

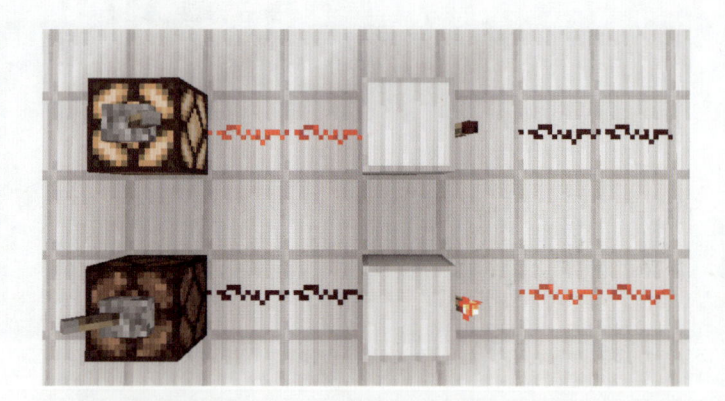

与门是指当输入均为1时，输出才为1，其余情况下输出为0。

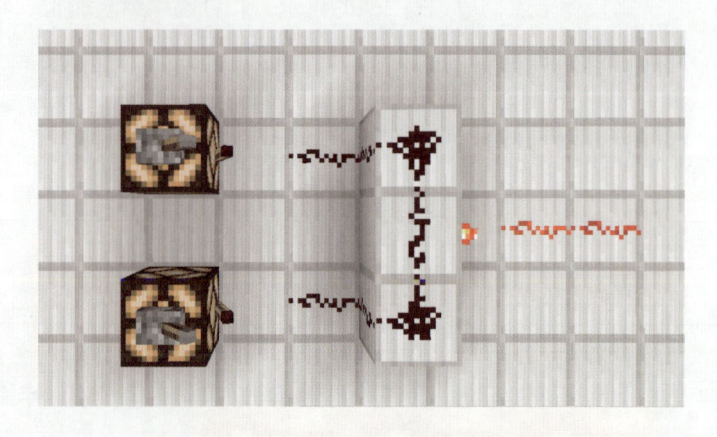

在介绍了如此繁多的红石元件之后，相信你们已经跃跃欲试了，想要通过已经学到的红石基础元件，来组合成不同种类的电路或者机器。那么这里将通过学习一些简单且常用的红石电路，来巩固前面所学到的知识。

或门是指只要有一路输入信号为1，则输出信号为1，只有当输入信号全部为0时，输出信号才为0。

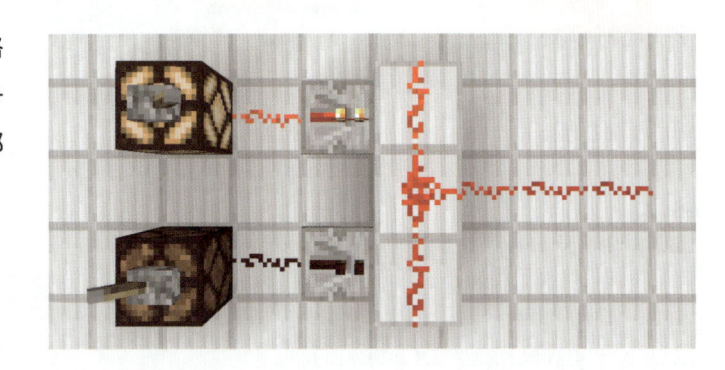

RS锁存器与T触发器

在数字电路中，锁存器和触发器与电路初始状态有关，被称为时序逻辑电路。

RS锁存器，是指当电路的两个输入信号都为0时，电路的输出信号将维持不变，而仅有一路输入信号为1时，会将电路输出置于其中一端；相反，当仅有一路输入信号为0时，会将电路输出置于另一端。若两个输入信号同时为1，电路陷入不稳定状态，没有实际意义。

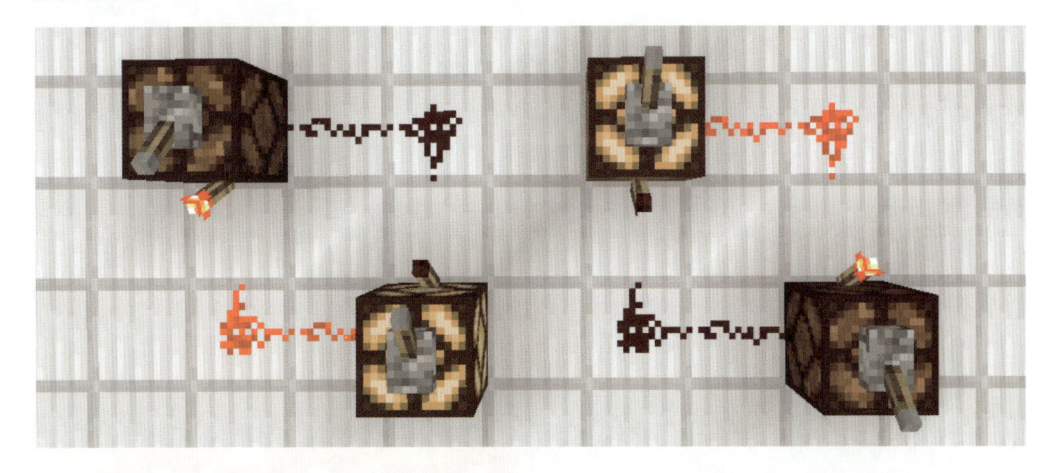

T触发器，是指当电路输入信号产生一次脉冲信号后，输出信号会发生翻转。联想到前面活塞的内容，黏性活塞会在受到3gt以下信号时发生瞬推，而侦测器可以发出2gt的短脉冲信号，据此可以做出简单的T触发器。

简单时钟

时钟，是指具有一定周期的重复信号，由于部分红石元件带有一定的延时，据此可以做出一些具有特定周期的红石时钟。

中继器时钟

由于不同挡位的中继器具有不同的延迟时间，因此将中继器首尾连接，可以做出固定周期时钟。如右图所示，共有6个中继器首尾相连，每个4挡红石中继器的延迟时间为8gt，所以该时钟的总周期为6x8=48gt。

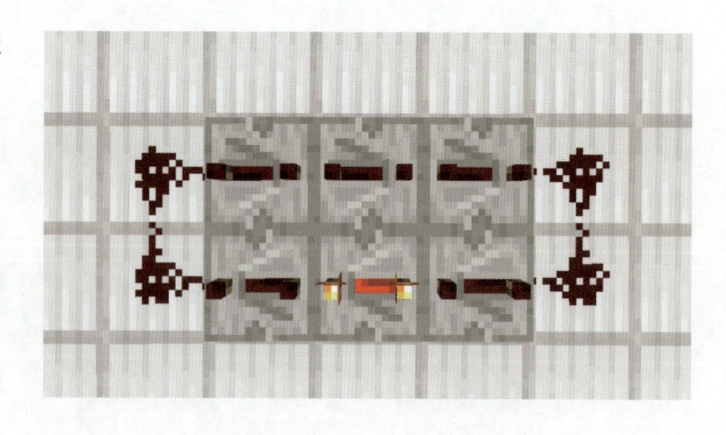

比较器时钟

由于比较器也具有2gt的延迟，但是比较器具有保持信号强度的独特性质，因此可以将一定强度的红石信号输送到比较器循环电路中，信号经过比较器后再逐渐衰减，从而做出具有特定周期的时钟。

如右图所示，当拉杆关闭时，初始输入信号强度为15，需要经过15次比较器后输出信号才能减为0，因此，到完全熄灭大概需要30gt。

漏斗时钟

由于漏斗输送单个物品需要8gt的冷却时间，因此可以利用物品传输特性来设计时钟电路，将两个漏斗嘴对嘴，并在同一时刻用红石块锁住其中一个漏斗，这样未被锁住的漏斗就可以使物品不断流入并被锁在漏斗中。当未被锁住的漏斗物品漏完之后，比较器也失去激活状态，黏性活塞会拉回红石块，从而使两个漏斗状态发生翻转，重复以上过程。

例如图中初始漏斗物品数量为10，则周期约为 $10 \times 8gt \times 2 = 160gt$。

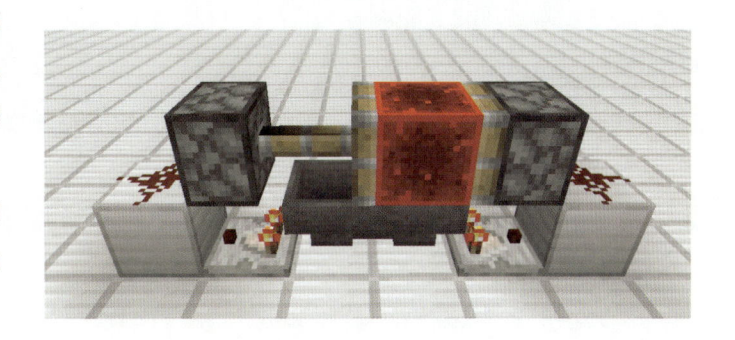

高频时钟

在游戏中，并非所有时钟都需要这么长的周期，当我们在使用发射器制作TNT轰炸机时，就需

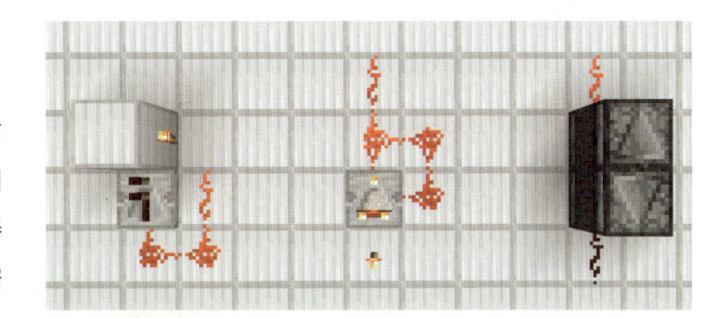

要一个快速且简短的脉冲。另外，高频红石是一种造成大量更新的元件，非必要应尽量减少它的使用。

简单机械电路

机械电路中有两大很经典的电路，一种是活塞递推，另一种是活塞门。这里以经典的二阶活塞递推为例，讲解其如何应用于一种活塞门中。

二阶活塞递推

通过控制活塞时序，将方块通过接力的方式，实现多次推出和收回，这种便称为活塞递推。下图为一种实现二阶活塞递推的方式，当拉杆开启时，后方活塞先激活，前方活塞在被推到位时也被激活，再将方块推出，比较简单。而当拉杆关闭时，前方活塞收回一次，后方活塞也收回一次，但此时还没有完成，由于黏性活塞只收回一个方块特性，因此需要让前方活塞再激活一次，从而完成方块的收回过程。

活塞门

下页上图所示是一种带有二次递推的活塞门，左图为开启状态，右图为关闭状态。其中最下方的活塞采用的是类似于递推的方式，让最中间的方块到位和收回。其他位置采用基本电路，通过将火把用作非门，以及活塞的激活特性，使其他方块到位。

方块更新检测器与飞行器

根据之前的讲解，活塞具有半连接性（Quasi-connectivity，QC）。在下图（左）所示的结构中，红石块位于活塞的QC位置，当活塞周边产生一种更新时活塞便会推出。推出后，红石块又离开了QC位置，使活塞失去激活状态而重新回到图中状态，因此这个装置具有检测周边更新的作用，类似结构被称为方块更新检测器（Block Update Detector，BUD）。

从黏液块的特性可以看出，它能够黏结周围的方块。如果用适当方式将前进单元推出，再使前进单元拉回黏结用于推动前进单元活塞的黏液块，就可以做出不断向前行驶的飞行器。

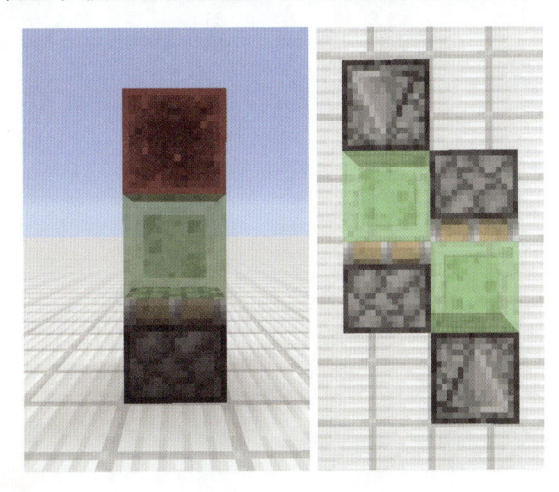

91

简单生存实用机械

当我们尝试将红石运用到生存模式当中时，需要结合一些生存基础特性，来做一些能够提升生产力的自动化工具。

简易刷石机

岩浆碰到水会形成石头，而栅栏可以含水，作为水源。当形成石头时，栅栏会改变连接性，此时会被侦测器检测到并发出信号，活塞被激活，推出石头，从而制成简易刷石机。

简易甘蔗机

当甘蔗长到3格高时，会被侦测器检测到，活塞被激活并推出，甘蔗会变为掉落物，简易甘蔗机制作完成。

简易自动农田

由于水流可以向低处流动，并且会冲掉已经成熟的农作物，因此用含水活板门作为挡水元件，当拉杆关闭时，活板门放下，水流会将掉落物一同冲到漏斗中，最终传输到箱子内。

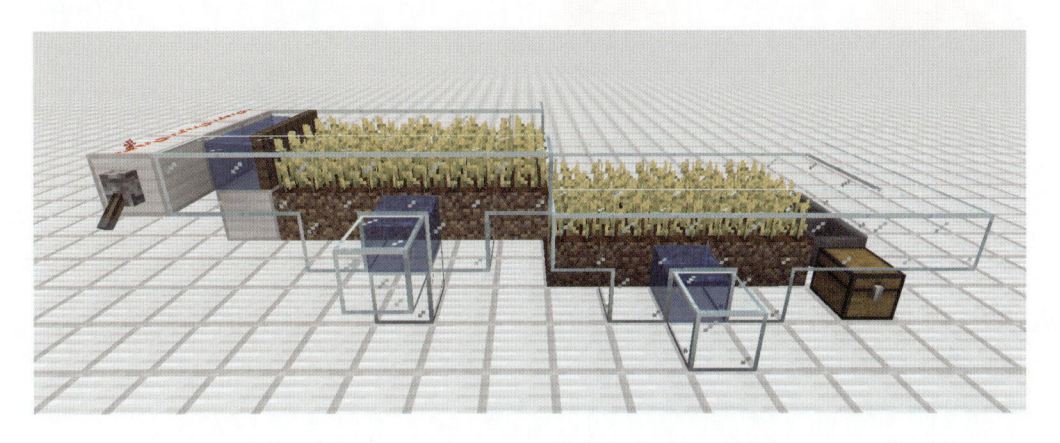

简易自动熔炉、炼药机

将漏斗分别接到熔炉的上面、侧面和下面，可以分别作为烧炼物输入、燃料输入、产物输出。因此将材料放到箱子里，熔炉就可以自动完成烧炼工作。同理，炼药台上面、侧面和下面分别对应炼制物输入、水瓶输入和药瓶输出，将材料放入箱子内制成自动炼药机。

简易烤鸡机

将鸡产出的蛋用漏斗收集起来，送入发射器时，左边的活塞会被激活，从而让脸对脸侦测器产生信号，发射器被QC激活将鸡蛋砸出，有概率砸出小鸡。当小鸡长大后，会接触到岩浆从而被处决，掉落物被漏斗传入箱子内，烤鸡机可以用于解决生存前期的食物问题。

矿车收集与卸货

由于漏斗矿车在铁轨上可以隔一个方块收集到上方掉落物，因此可以用漏斗矿车来收集一些农场（比如刷怪塔、甘蔗机等）的掉落物。而矿车内有货物时，会被漏斗吸入，旁边的比较器检测到漏斗中的物品，从而使动力铁轨熄灭，矿车就会持续停在上方卸货。当卸货完毕后，动力铁轨亮起，漏斗矿车就会继续工作。

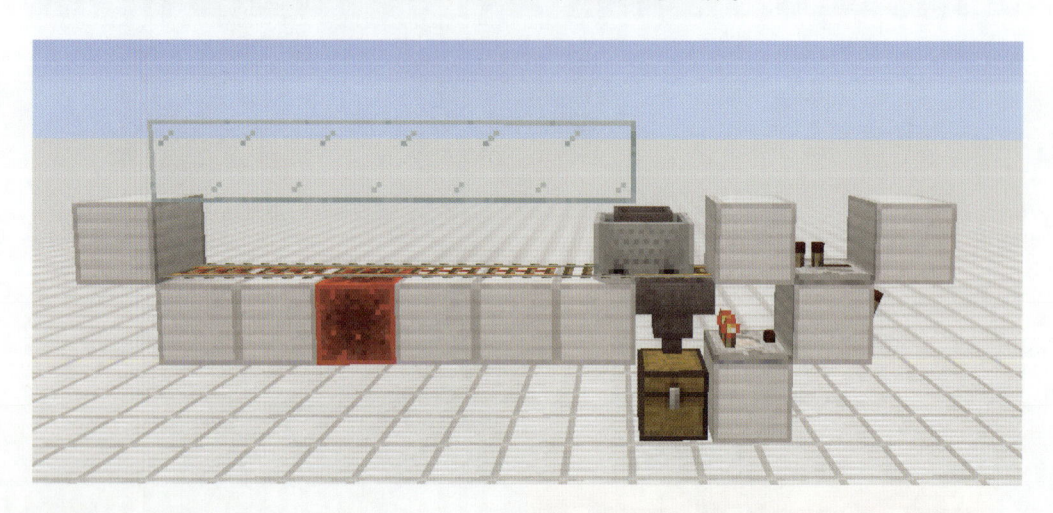

物品分类机

在最上方的漏斗中的第一格放置需要分类的物品，其余格单独放置数量只有一个的填充物（不会吸取到的物品）。此时漏斗输出信号强度无法使火把熄灭，漏斗便会锁住。而当分类物达到一定数量后，信号强度上升为3，使火把熄灭，漏斗解锁，物品便会减少，直到信号强度回到2，火把重新亮起，锁住漏斗。将上方漏斗输入物品流，重复上述过程，来完成自动分类和存储工作。

刷铁轨、地毯机

由于黏液块能够黏附方块一同移动，而铁轨、地毯这类方块在被推动时，既属于黏附状态，又处于破坏状态，因此重复推出会使得原有的铁轨和地毯越刷越多，TNT复制也是类似原因。与前几类机器相比，更像是游戏"bug"特性所造成的结果，具体原理涉及更新顺序问题，不做赘述。

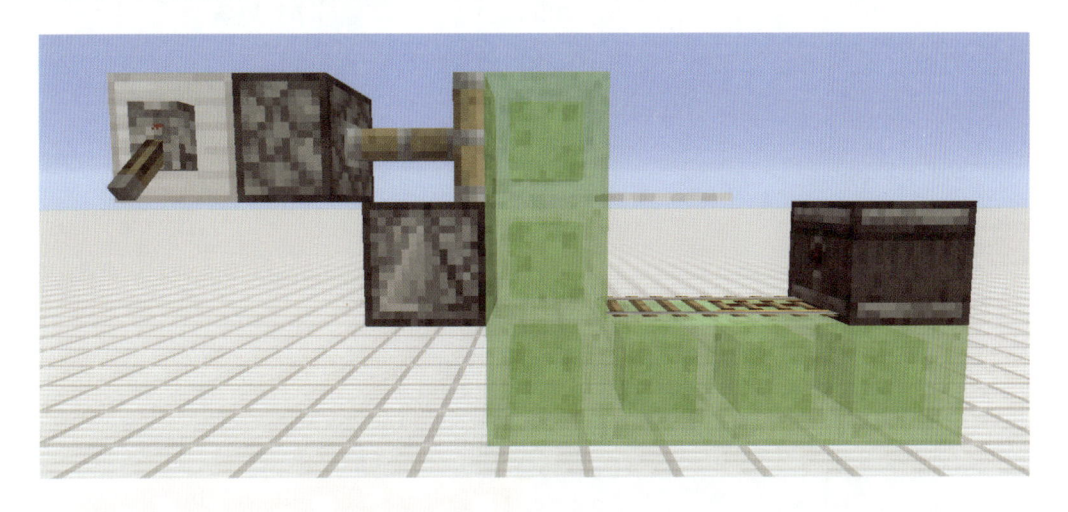

04 拓展阅读

在掌握红石基础教程理论之后，可以了解有关红石更加深入的理论与知识，本章不过多涉及，如有兴趣可以自行搜寻相关资料。

红石理论的发展

之前在介绍活塞时讲过，在收到长脉冲信号时，活塞推出延迟时间为2gt或3gt，即活塞的延迟仿佛是不确定的，比如用红石块激活活塞，活塞需要3gt推出，而用中继器或者侦测器激活活塞，却只需要2gt。

于是，由国内玩家Defanive2提出，并由后续其他玩家逐渐完善的启动延迟理论出现了，解释了活塞由不同元件激活所引起的延迟不同现象。在此之后，由国外玩家Sancarn和Selulance所提出的即时更新理论被引入到了国内，与启动延迟理论产生了碰撞。在不断地交流与修正之下，最终，国内玩家Gamepiaynmo在查阅游戏源码后，发表了红石更新延迟理论，将两种理论统一了起来，并用微时序来解释了活塞运行，以及其他红石元件背后的运行过程。

微时序

从本章最开始的基础概念中，就讲到有关游戏刻的概念，并运用gt这一名词来解释延迟现象。但是，1gt并不是游戏运行的最小单位，游戏是由一个个更加微小的事件构成的，所有的事件共同构成一个游戏刻。比较经典的红石元件例如中继器、比较器、火把、侦测器都是出现在计

到此为止，红石基础理论已经教学完毕，你也掌握了一些有趣的基础电路，但是相比于网上种类繁多、体型庞大、结构复杂的红石机械来说，还是远远不够。不要灰心，教学的目的就是从基础开始，一步一步向前迈进，从一些基础的机器开始理解、分析，进行制作、复现，最后进行改良、优化，当再次遇到同样的问题时，尝试自行设计红石电路，在不断尝试的过程中，一点一点提升自己的水平。

划刻事件中，而活塞激活出现在方块事件中，推出方块到位出现在方块实体事件中，由于一系列事件执行顺序的不同，造成了延迟不确定这一奇怪的现象。

TPS与MSPT

尽管1gt在通常情况下为1/20s，即50ms。但是这些事件都需要在计算机内进行运算，如果遇到某一事件需要消耗大量算力的情况，1gt的时间会被拉长，甚至超过50ms。对此，玩家通过mspt（milli second per tick）来描述运算1gt所花费的时间，当mspt超过50时，那么1s内所能完成的gt数将会小于20，对此，又引入了tps（tick per second）来描述1s所能运算的gt数。因此，当mspt超过50时，mspt越大，tps越小，所运行的游戏就会越卡。

相关内容学习途径

尽管已经讲了很多，但是这也是刚刚敲开红石的大门。在互联网上，还有许多精巧的红石机器等待发掘，每一个精彩的机器背后，体现的是发明者的智慧和思索。限于篇幅原因，本章只能到这里结束，如果想要更加细致的元件或者原理讲解，可以查阅Minecraft Wiki，或者浏览相关视频网站，寻找更多有关红石内容的教学和讲解！

君临天下：玩家作品展示

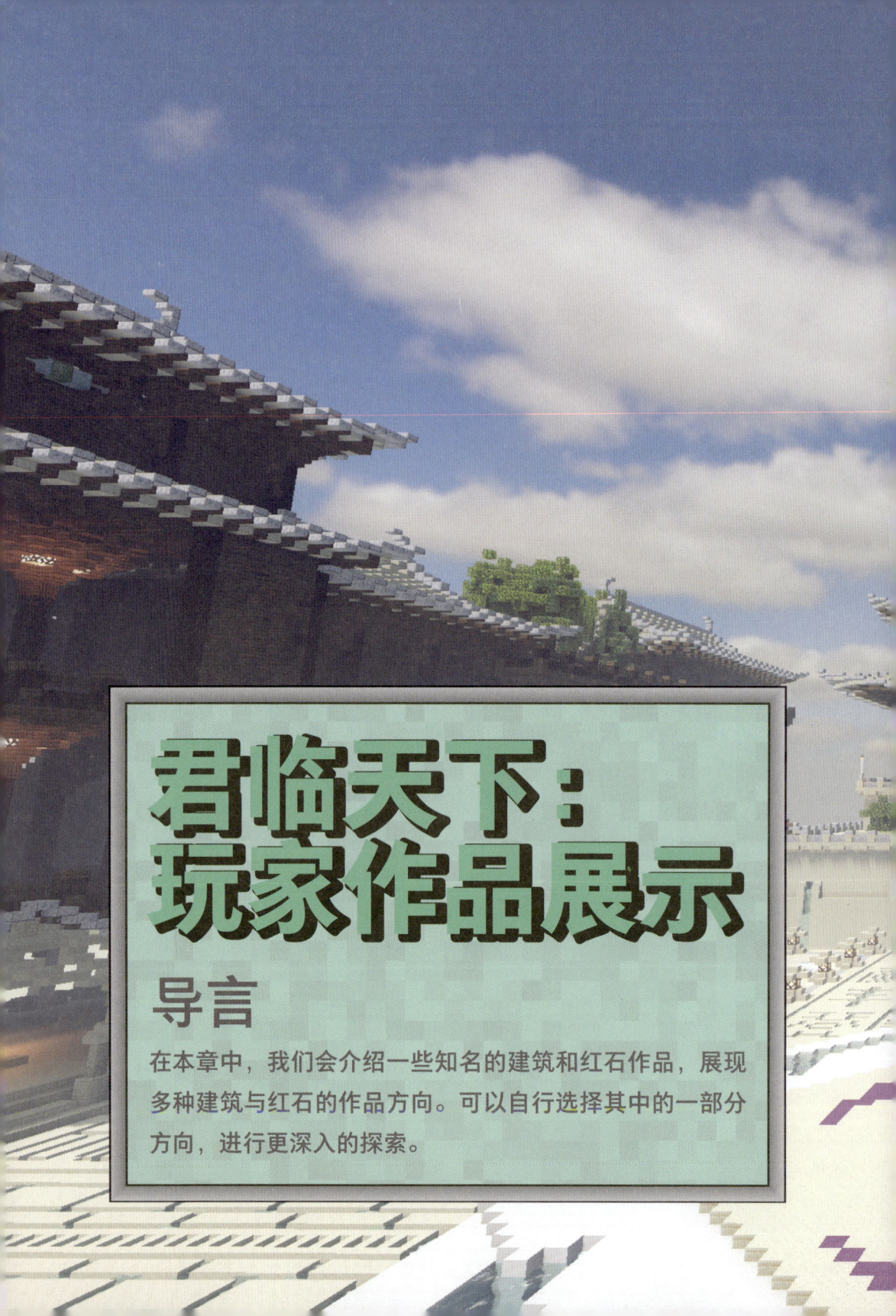

导言

在本章中，我们会介绍一些知名的建筑和红石作品，展现多种建筑与红石的作品方向。可以自行选择其中的一部分方向，进行更深入的探索。

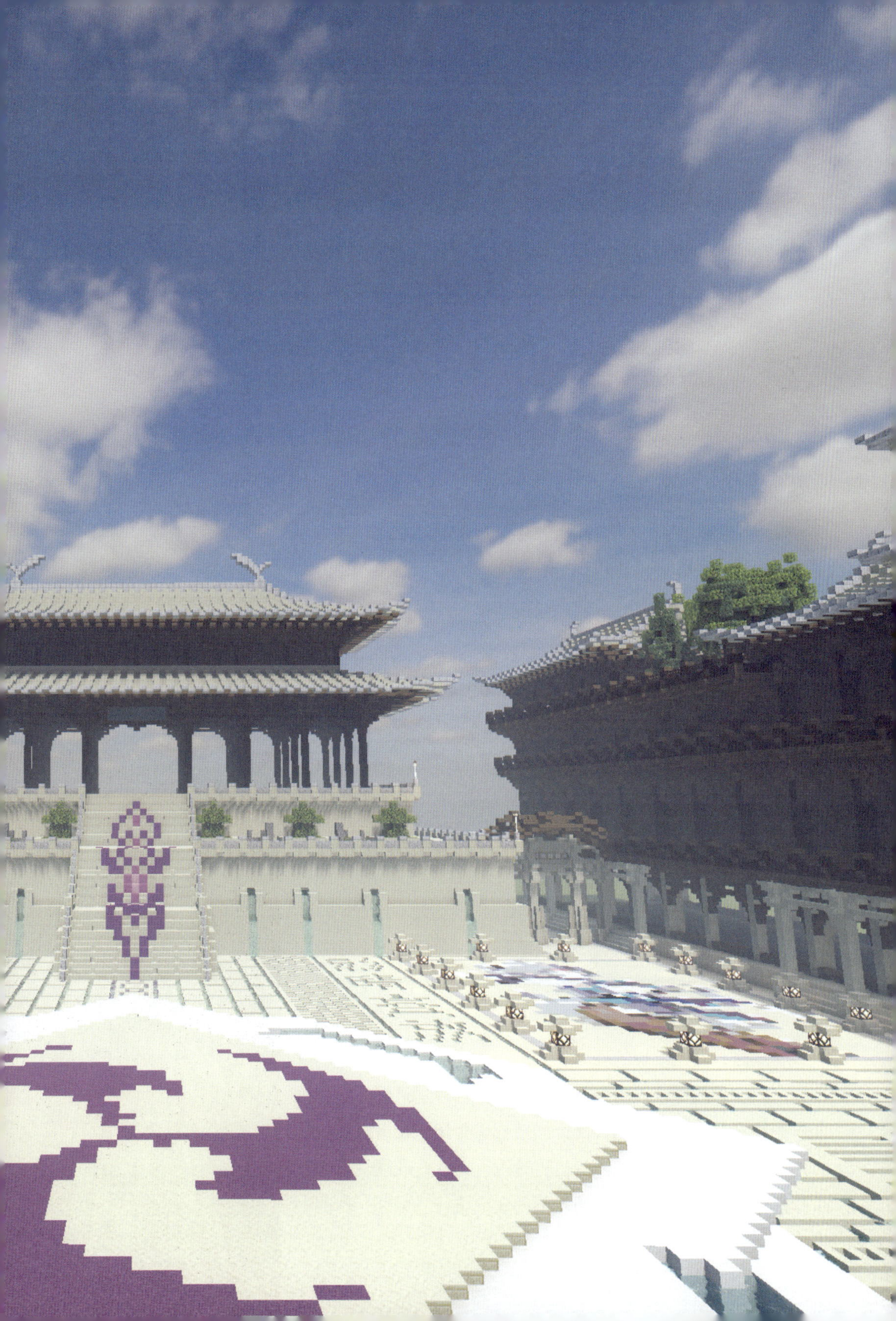

01 建筑介绍

Xylotonium：生息

在充满丰富自然群系的《我的世界》里建造属于自己的建筑，选择一片景观怡人的自然地域往往是许多玩家的首要任务。Xylotonium的"生息"系列就从构筑物与自然的关系出发，以"四时流转，万物生息"为主题，创造了与环境和谐共生的建筑群或世外天地。

繁花之城、彼岸、绿西洲、桃源仙岛分别为中世纪、幻想风、未来风和古风作品。每片建筑群都用自己的方式栖居于天空、湖泊、海洋，或成为生存小镇，或成为城市、空岛——正如一切人类构筑的发源：特定的自然条件、建造者的想象力加上勤劳的双手，创造出了建筑，也创造出了文明。

繁花之城（Blooming City）

该建筑群选址于繁花森林群系的一片湖区，建造起中世纪木石风格的生存小镇。在非工业化的生存模式中建造，需要尤其关注地理环境与资源获取，比如面山环水的森林湖区，就是理想的基地。

对于功能性较强的生存建筑而言，一片建筑群的规划十分重要。各种材料的存储、加工都需要建造者考虑交通流线的便捷性、相似资源的位置分配。为此，该建筑群也根据常见中世纪城镇的布局对不同建筑进行了分区，使得

建筑是一种艺术。在现实中，我们的建筑会受到诸多物理条件的制约，但在《我的世界》中，我们可以抛开一切现实要素，自由畅想。在一开始，我们或许需要参照一些小型的、贴近现实的建筑进行设计，但当熟练之后，我们就可以养成独属于自己的设计风格。在这个过程中，不仅需要脚踏实地的练习，也需要去仰望星空。接下去，让我们看看建筑大神们对建筑有着怎样独到的见解和体会。

小镇在面湖、面山的各区都得到了有效的规划。在满足了基本的生存要求后，小镇还添加了教堂、雕塑、水渠遗址、墓地、码头、瞭望台等更多公共建筑，使得城市更为完整和富有秩序。

值得一提的是，对于中世纪建筑而言，结构的真实性是成就建筑之美的重要来源之一。因此对于不同的建筑，需要根据其结构特点搭建出相应的结构柱，如教堂的石柱、水上村落的木构架等，合理的结构会使建筑更加真实。

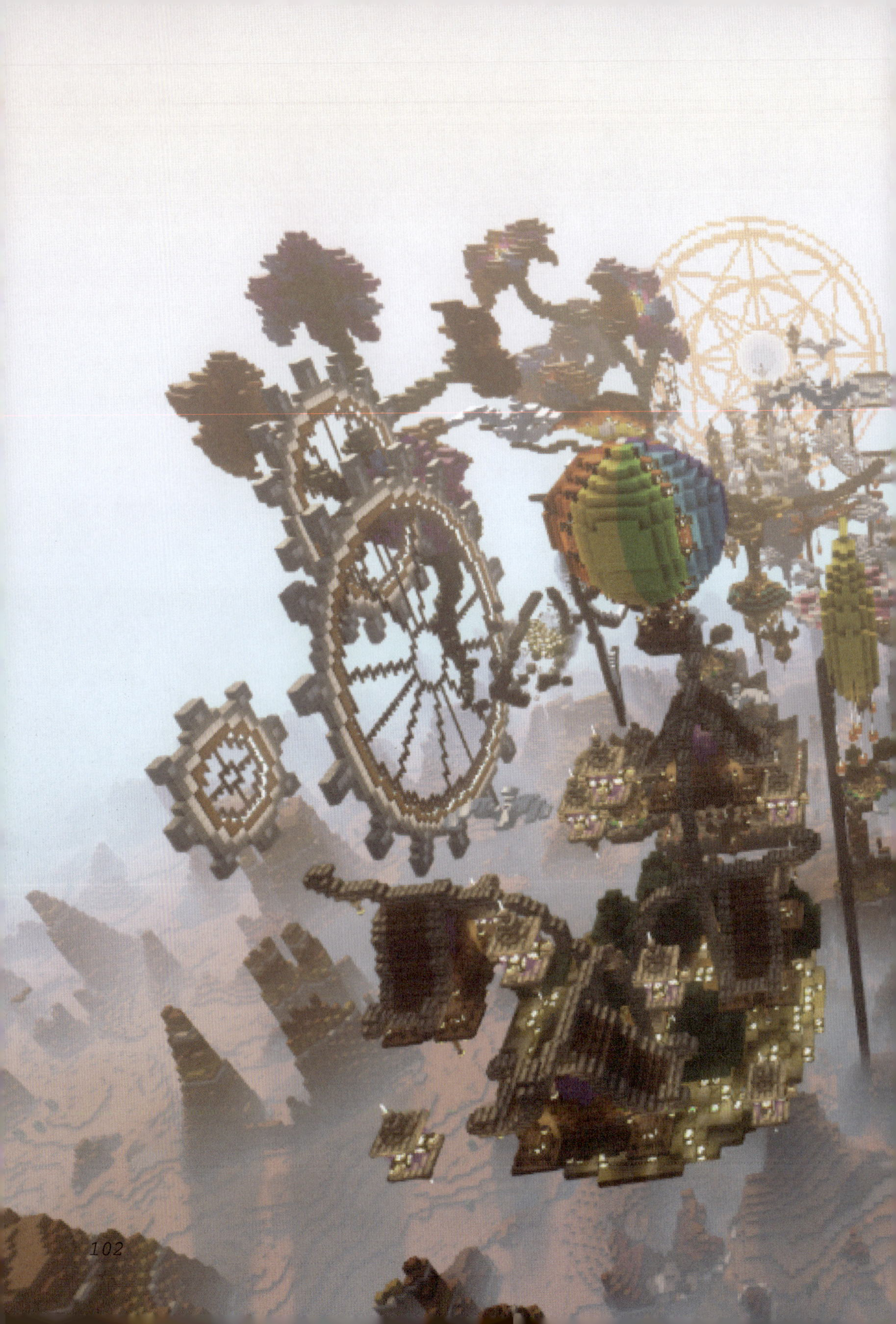

彼岸（Faramita）

　　该作品为幻想风的浮空意向群。幻想风可以包含建筑或雕塑，甚至概念场景、像素画等，非常适合玩家发挥想象力进行自由的建造。

　　本作品将众多的元素意向搬到了空中，结合平顶山地形的色彩，创造出只存在于想象中、梦境中或海市蜃楼中的异世界景象，因此也取名为"彼岸"。对于材料复杂、风格各异的杂糅式建筑来说，控制整体的体量、处理好各单体之间的关系十分重要，比如本作品中多条视线上的物体叠加、各种对景关系都为整个体系增加了平衡感，这种在时间和空间上进行一定叠合的手法也十分类似于建筑中"透明性"的概念。

绿西洲（Otlantis）

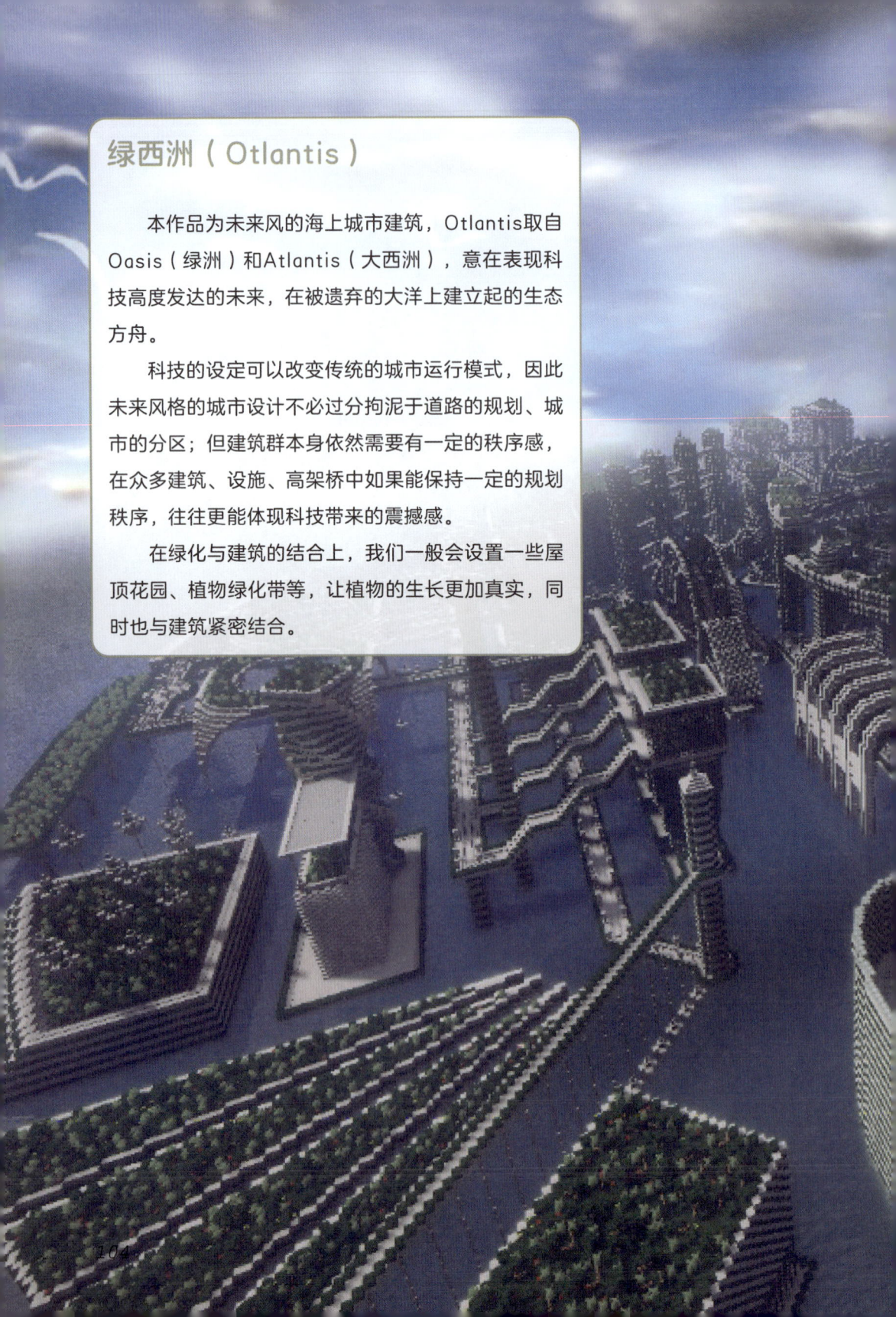

　　本作品为未来风的海上城市建筑，Otlantis取自Oasis（绿洲）和Atlantis（大西洲），意在表现科技高度发达的未来，在被遗弃的大洋上建立起的生态方舟。

　　科技的设定可以改变传统的城市运行模式，因此未来风格的城市设计不必过分拘泥于道路的规划、城市的分区；但建筑群本身依然需要有一定的秩序感，在众多建筑、设施、高架桥中如果能保持一定的规划秩序，往往更能体现科技带来的震撼感。

　　在绿化与建筑的结合上，我们一般会设置一些屋顶花园、植物绿化带等，让植物的生长更加真实，同时也与建筑紧密结合。

105

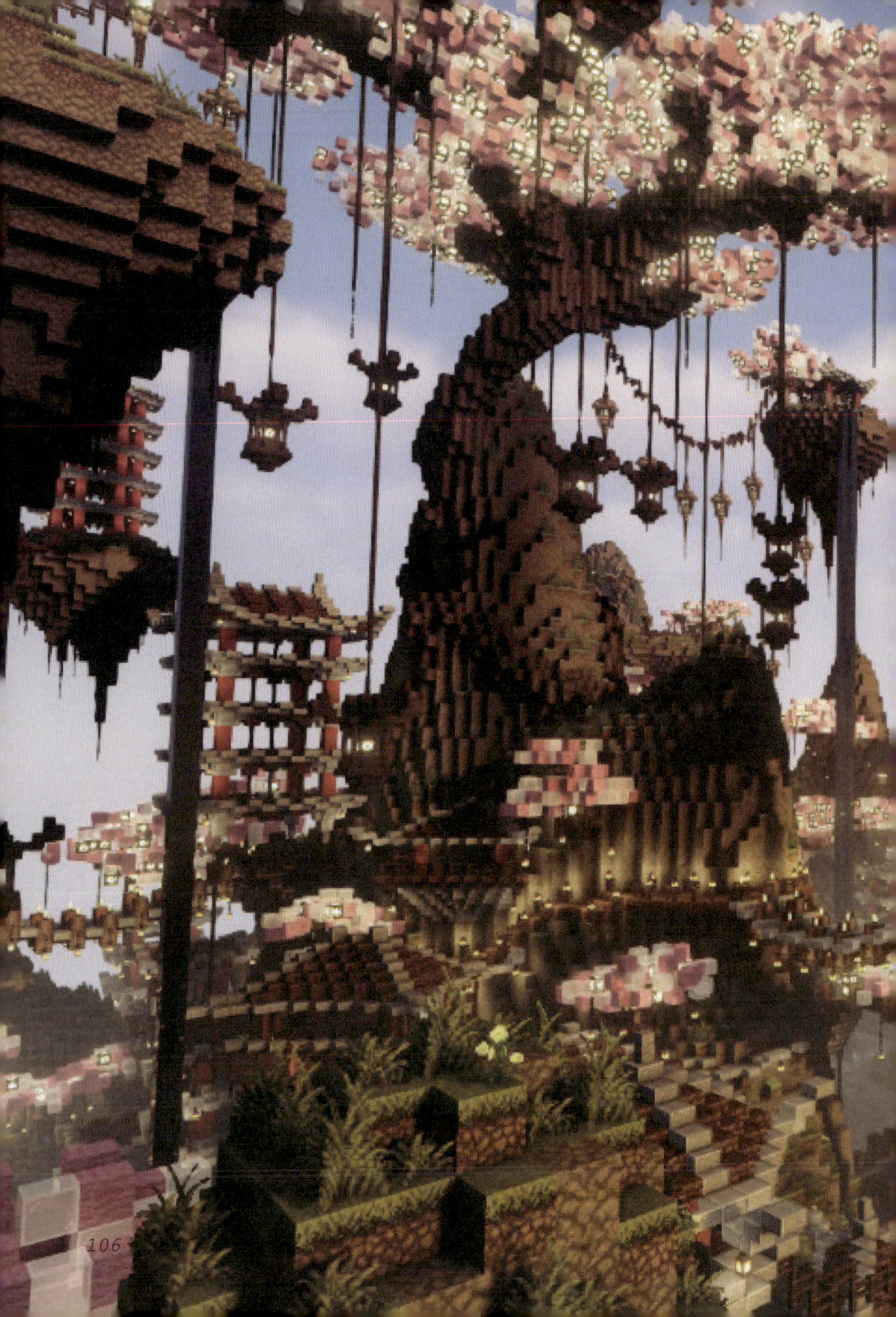

桃源仙岛（Xanadu Island）

　　本作品为古风小品类的建筑，意在将桃花源寄寓在空岛的形式上，创造一片"云外仙乡"。

　　《我的世界》中的古风建筑一般会参考古代木构建筑的建造模式，常常与园林、宫殿、民居或祭祀类古建筑相结合。这类建筑尤其关注建筑与环境的关系，往往与朝向、布局、环境对景等息息相关。在该作品中，还额外体现了竖直向的建筑布局、水的利用和局部小品的塑造。

　　由于桃花源概念本身具有很强的叙事性，在建筑过程中也尤其注重表达了一条环岛的流线，塑造了商业-农业-祭祀的完整村落布局，这些建筑统一在中心的大树下，也增加了整体感和主题性。

Xylotonium说：

在WorldEdit、WorldPainter等更多工具的帮助下，建造者还可以踏足更多的领域，建造壮丽的山川大河，也可以建造神秘的荒野遗迹；《我的世界》事实上可以成为场景概念设计的一个不错的平台，用像素的模式描绘出充满想象力的景象，想必是每个建筑玩家的梦想和追求。

小贴士

WorldEdit：
在创造模式下，如果我们需要建造较大规模或有一定复杂度的建筑，WorldEdit模组会是非常实用的建筑神器。在这个模组中，我们将会使用木斧头作为选区工具，使用内置的指令来对这部分区域进行快速操作。
首先，需要用木斧头单击、右击各选取一个点，从而框选一个三维区域。

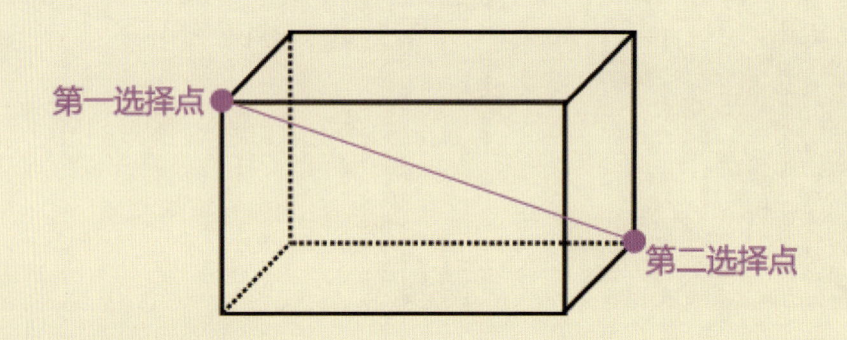

（图：立方体示意，标注"第一选择点"和"第二选择点"）

然后在聊天栏中输入指令：
//set stone
此时，选区内的所有格子都将被石头（stone）所填满。指令中的stone也可以被替换为其他方块的名字或ID，诸如石英块，其名字为quartz_block，其ID为155。也可以将选区内的特定方块替换成另一种方块。如果要把选区内的石头替换为橡木木板，需要输入：
//replace stone quartz_block
此时，选区内的石头都会被替换为石英块。
另外，也可以复制并粘贴整个选区。可以站在选区面前输入指令//copy，然后移动到需要粘贴的位置，输入指令//paste，此时，先前的选区就被粘贴到了当前的位置。
WorldEdit中还有许多其他实用的指令，若大家感兴趣，可以在网上自行搜索哦。

Coffeageno：玉衡院

傅若金《书南宁驿》诗中有云："中天日月回金阙，南极星辰绕玉衡。"玉衡，乃北斗七星中至明之星。"玉衡"的元素，在Coffeageno的玉衡院中得到了充分的展现。

玉衡院的主色调为塞外黄尘的颜色，以砂岩为基、云杉为柱、沙砖为瓦、闪长为檐。南方正面为一山门，与两侧较低的角楼以城墙相连。侧面由南及北，为哨楼侧门、外墙平直的主楼及侧楼、外悬栈道的联排厢房，直至由荷花池围绕的十字脊楼为角。北方以巨幅"玉衡"之光环为背景。庭院内部，南方为雷符之广场，北方为正殿。

从功能上而言，玉衡院是以商业及行政为主的建筑群。从寓意上而言，作者希望营造一种市井气息与庄严中正并存的氛围。正门及两侧厢房的设计参考上海静安寺。静安寺身居闹市，却能将脱俗之禅意充分保留，与作者之意相符。

正门（山门与角楼）

作者在建造正门时，在整体上明确了主次。首先是基石/城墙部分，我们可以学习两点：一是切不可笔直向上，需要有一定的斜率；二是可以随机摆放纹理不同的变种方块来进行"做旧"。

其次是洞门部分，在较小的规模下，做圆拱是一项较为困难的操作。因此，需要向内凹陷再做一两层稍向内凸的拱，弥补外侧单层方块的粗糙和单薄感。除去台阶、楼梯，还可以用墙来做内凹。

再次是宇墙部分，因有外延，可以在下方用云杉木梁稍作支撑。最后再是上方的门楼，并依照类似的方法建设两侧的角楼，并以副门、城墙将两者连接。

楼房主体

在建造中式楼房主体时,有着非常严谨的顺序。先照下图做出柱子与斗拱。然后是屋檐:先做椽,椽之间的间隔可自行控制,用和瓦片不同材质的台阶做椽头,在椽上盖上瓦片。注意每一列瓦片需参差交错,高差为0.5～1格。在此基础上瓦片不断抬升,斜率需有变化——0.25—混合—0.5—混合—1。然后做屋脊,最后做山面和飞檐。

雷符之广场

在广场的设计上，其核心为三重雷符，四方凹陷灌水为池。制作类似的像素符号的时候，可以先画草图，做出1/3，然后在脑中将像素图案旋转120°，并不断进行微调。以像素符号为核心，雕花道路向四方延伸。雕花较费时间，同样需多次调整，全数用楼梯来做。延伸向正殿的道路两侧，雕刻了"甘雨丰登，刻晴齐放"八个大字，并在两侧预留了一定空间。

正殿

在正殿的设计上，作者以两层为基，有流水自其间而出，流至下方水槽，并经由道路雕花，流经整个广场。一层平台上设假山池树，左右两侧用拱桥和侧楼相连，并在下方用牌坊作为支撑。正殿同样分为二层，屋顶为庑殿，为等级最高的屋顶样式。由广场通向正殿的台阶上设计有雷锲花纹，平视、俯视皆可观其全貌。

113

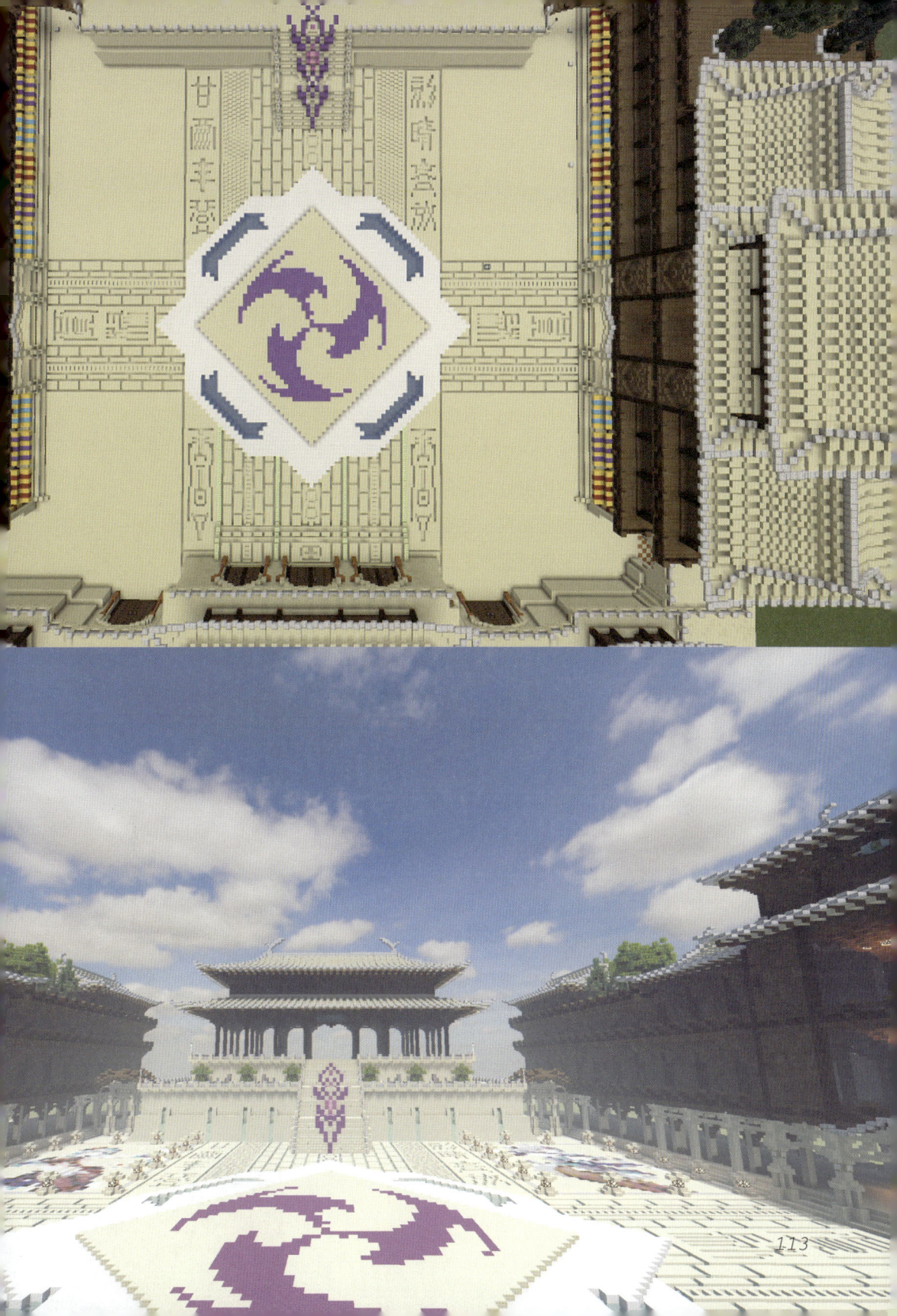

内饰设计

在内饰设计上，作者注重每一个细节，充分运用旗帜、活板门等一系列特殊方块，来营造出中式市井建筑的人声鼎沸、热闹非凡之感。

Coffeageno说：

中式建筑群规模宏大，气势磅礴，形体俊美，庄重大方，色调简洁明快，屋顶舒展平远，门窗朴实无华。同时，对于装修、装饰特为讲究，一切建筑部位或构件，都要美化，所选用的形象、色彩因部位与构件性质不同而有别。于建筑上施彩绘是另一重要特征，亦是不可缺少的一项装饰艺术。而中式楼群更是有其谨严之布局、考究之规律，难度则随之更上一层。玉衡院并未完全遵照传统规矩而建，更多则是加入了我自己的所喜所好，随性而为。

115

▨ Fubuki_sama：维兰德里庄园（Villandry）

15世纪末，拿波里的远征将文艺复兴的气息带到了法国，同时也带来了一批意大利造园师，拉开了法国园林文艺复兴时期的序幕。随后，达·芬奇、维尼奥拉、切利尼等艺术家应邀来到法国，将法国文艺复兴园林推向了兴盛。到16世纪中叶，意大利的文艺复兴园林已经成熟，对法国园林的影响更盛，同时，前往意大利学习的造园师的回国，将法国文艺复兴园林带到了成熟时期。

维兰德里庄园始建于弗朗西斯一世统治期间。第一任园主是当时的财政部部长布莱通。他曾任法国驻意大利大使，对建造和园林艺术有着浓厚的兴趣。1532年，它依据意大利文艺复兴园林的风貌建造了维兰德里庄园。但到18世纪，英国自然风景式园林在欧洲兴盛一时，维兰德里庄园也随之被改建为风景园林。直到1906年，西班牙医生卡尔瓦洛买下庄园后，致力于重建最早的文艺复兴式园林，现在由他的后人对庄园进行修葺和管理。

116

Fubuki_sama在《我的世界》中细致地还原了维兰德里庄园。

庄园最显眼的大面积要素无疑是巨大的作为水镜面的浅水池。作为静态水景，在这里构成了园中最安静的一片区域。同时水镜面也向天空借景，使得此处视野更为开阔。在其他水景的设计上，诸多喷泉分散在各菜园和模纹花坛之间，增添游览趣味性的同时，也便于取水灌溉，有实用性。

在地图上可以看到第三层台地上作为东西轴线的林荫道。围绕台地的花架随处可见，提供遮阴功能的同时也兼具美观。而底层台地上布局的是菜园，其装饰性更胜实用性。

在城堡正前的是著名的爱情花园，4个花坛叙说了一个以悲剧收尾的爱情故事。其他的模纹花坛则是由一些十字勋章等构成的花纹。

Fubuki_sama说：

维兰德里庄园的风景主要体现在其花坛和菜园的精彩的几何构型，身在园中不能览其全貌，在高台处俯瞰才能领略其精彩之处。作为法国文艺复兴园林初期的作品，它继承了意大利文艺复兴园林的轴线对称的布局，以水渠作为中轴。同时，模纹花坛的叙事性、趣味性和装饰性都较意大利更胜一筹。菜园、果园等在实用性之外更多体现其装饰性。

117

02 生存自动化机械介绍

村民工程与交易所

当想要进行生存自动化的时候，第一步要做的往往是寻找村庄或者村民，因为村民既可以进行交易来换取生存物资，也可以召唤铁傀儡来生成铁锭。这时候就需要村民繁殖机来生成所需要的村民，并建设交易所来进行物资交换。

村民在食物充足的时候，会向临近的村民投掷食物，而村民在食物充足的情况下就会产生繁殖意愿。而当两个具有"意愿"的村民相遇，且村民总体数量少于有效床时，此时可以看到村民头上顶着"爱心"图标，之后就会生成新的小村民，在生成小村民之后，可以通过活板门+流水的方式，将其运输到村庄检测范围之外，这样就不会使得繁殖的村民检测到村民的总体数量超出有效床的数量。在给繁殖村民提供足够食物的基础上，可以做到无限繁殖，而繁殖出来的小村民长大后，可以被运往交易所，从而进行村民交易。

在Java版1.14之后，村民（除傻子外）需要检测到周围的工作方块来获得职业。如下图所示，在村民进入到工作站点之后，放置对应的方块，可以使得村民认领对应的职业。在《我的世界：探索冒险》一册介绍村庄的章节当中，会介绍不同工作站点方块对应的职业，以及不同职业村民交易的物品。

当我们了解到一些基础的电路构成之后，可以尝试去学习一些更加有趣，或者更加实用的电路或者机械结构，用来提升生存的机械化程度。下面介绍一些生存中经常用到的机械设备。

刷铁机

既然是生存自动化，第一步就是要摆脱挖矿限制，实现矿物产量自由。刷铁机是最基础的矿物自动化设备，为之后各种红石元件所需的铁做准备。

当村民在30秒内没有看到过铁傀儡，且在20分钟内睡过觉时，就会产生召唤铁傀儡的意愿，当产生意愿的村民足够多且能够相互交流的时候，便会生成新的铁傀儡。新的铁傀儡会阻碍铁傀儡的进一步生成，因此可以通过以下装置来无限刷出铁傀儡。

在上面的平台中，村民以三个为一组被围在由圆石构成的房间内，房间上方铺满水，水流末端放置打开的活板门，既能阻挡水流，也可以使实体掉下。在村民经历以上过程之后，召唤的铁傀儡会生成在上方，被水流冲到下面并被岩浆处死，使其掉出检测范围，村民便会重新进行以上过程，而铁傀儡掉落的铁锭被漏斗所收集，从而形成刷铁机。

由于僵尸恐吓可以加快铁傀儡的生成速度，因此可以抓一只僵尸放在中间，让其视线时而被遮挡，时而不被遮挡，从而提高刷铁机的效率。

刷石机与熔炉组

　　石头作为生存最容易获得的方块之一，刷石机是必不可少的，通过水和岩浆的合理交互、活塞重组、TNT处理来完成石头自动化。通常情况下刷石机都会配备熔炉组，对圆石产物进行烧炼，也可以用于烧炼其他物品。

　　根据处理方式的不同，刷石机可以分为手挖式和TNT处理，根据机械结构的不同，又可以分为重组式和非重组式。由于玩家的挖掘极限速度为1gt/个，因此手挖式刷石机的最高效率为每小时7.2万个，而TNT爆炸处理由于重组式结构的优化，现在最高效率的刷石机已经高于每小时100万个圆石，这些材料对于工程建设来说绰绰有余。

　　而直接产出的圆石可以通过熔炉烧炼生成石头，而石头可以再次烧炼生成平滑石头。由前文可以看到，漏斗上方的漏斗可以将物品漏到烧制的一栏，将由刷石机产出的圆石或者其他烧炼物聚集在漏斗矿车中，在熔炉上方的漏斗上铺上动力铁轨，可以将漏斗矿车中的烧炼物平均分配到每一个经过的熔炉中。而熔炉另一旁侧面的漏斗，可以通过水道接上地毯复制机或者其他可用作燃料的补货通道，这样可以使得物品很快被每一个熔炉烧炼。在烧炼完成后，被熔炉下方的漏斗吸走，并汇聚到产物出口，从而一次获得大量的烧制产物。

农牧自动化

　　在解决了基础材料问题之后，那么生存中所需的食物，就可以尝试进行自动化生产了。而获取食物的方式有很多：既可以选择与村民工程配套的自动农田，也可以选择与农民交易食物，可以做自动钓鱼机来获得鱼类，甚至可以去建造动物农场来获得食物，前期最简单的获取食物的方式是烤鸡机。

　　由于村民中的农民可以自动收割小麦、萝卜、土豆、甜菜等农作物，且具有投掷食物的特性，因此可以在农民的投掷过程中半路阻拦食物，并将其通过水道送入收集系统，因此可以通过大量堆叠来获得足够产率的食物农场。

　　而西瓜、南瓜、甘蔗、竹子、垂泪藤、缠怨藤、海带等作物的生长比较类似，都可以通过侦测器检测作物的生长状态，通过活塞推动来进行收割，将简单作物单元进行堆叠，就可以获取足够的效率。

　　而藤蔓、地狱疣、小麦等作物都需要手动种植，因此可以通过水流或者矿车来让玩家移动中种植或者手动步行种植，再通过水流阶梯对其进行收割和收集。

　　对于动物来讲，选择更加多种多样，由于多数动物需要依靠人工繁殖才能增加数量，因此配合前面的植物农场，从而养殖更多动物。而对于部分依赖于群系的生物来讲，可以在空置域的环境下，通过增加平台，使得对应生物生成在平台上（比如蘑菇牛、疣猪兽等），再通过引诱、驱赶或水流冲刷等方式，将生物进行处死，并收集其掉落物。

物品分类与物品仓库

在制作一系列农场时，需要对产物进行分类和存储，通过对物品分类单元的改进和堆叠，再用水道进行物品输入，能够形成储存大量物品的物品仓库。

通过对物品分类机进行堆叠，并用水流将多个物品分类机串联起来，就可以使得物品通过每一个需要分类的漏斗，而漏斗在物品流过的同时吸取对应物，并流入到下方对应的箱子中。由于在物品分类器的漏斗中已经有大量的填充物，因此当大批量的物品流入后，会使得漏斗暂时堵住，而漏斗的速度是8gt/个，因此这类漏斗分类仓库的效率往往比较低，因此需要将分类水道首尾相连，形成循环水道。当把许多生存可收集物品的分类器聚集到一起，再加上一些对不可堆叠物的分离，通过水道和电路进行组合和筛选，这样就可以形成大型的物品仓库。

怪物农场

这里的怪物农场包括一系列用于刷出怪物并进行处死、收集的怪物装置，包括各种刷怪笼、全怪刷怪塔、史莱姆农场、女巫塔、劫掠塔、守卫者农场、猪人塔、凋灵骷髅塔、小黑塔等。

敌对生物会在玩家24格以外的区域生成，且会在距离玩家128格以外的区域立即消失。由于敌对生物存在生成上限，也就是说，当玩家在128格内有可生成怪物的平台时，会占据生成怪物上限。因此要求玩家尽量位于高空或者虚空等周围区域，这样可以使得刷怪平台尽可能位于刷怪塔中，从而形成怪物农场。根据怪物生成条件的不同，可以分为结构怪物和非结构怪物。

刷怪塔的结构普遍可以分为生成、处死、收集三个流程，而这三个流程的设计往往会决定刷怪塔的效率。因此，刷怪塔往往会从这三个流程入手来提升效率。

全怪普通刷怪塔主要生成僵尸、骷髅、蜘蛛、苦力怕、女巫等，可以产出骨头、弓箭、线、火药等有用产物。

史莱姆农场主要生成三种不同大小的史莱姆，可以产出黏液球合成黏液块，这是制作飞行器的重要原料。

女巫塔和劫掠塔主要生成女巫，可以产出红石和酿药材料，劫掠塔还可以生成掠夺者、唤魔者、卫道士、劫掠兽等，产出大量绿宝石和复活图腾以及各种杂物。

守卫者农场主要生成守卫者和鱼，产出大量海晶碎片和海晶沙砾，可以制作海晶石、海晶灯等装饰材料。

猪人塔主要生成僵尸猪灵，可以产出金子、金锭，再配合猪灵交易可以获得石英、哭泣的黑曜石、抗火药水等各种产物。

凋灵骷髅塔主要刷出凋灵骷髅，将其处死可获得凋灵头颅，再通过杀凋机等一系列流程合成生存常用的信标，同时部分凋灵骷髅塔也会产出烈焰人、猪人等其他怪物。

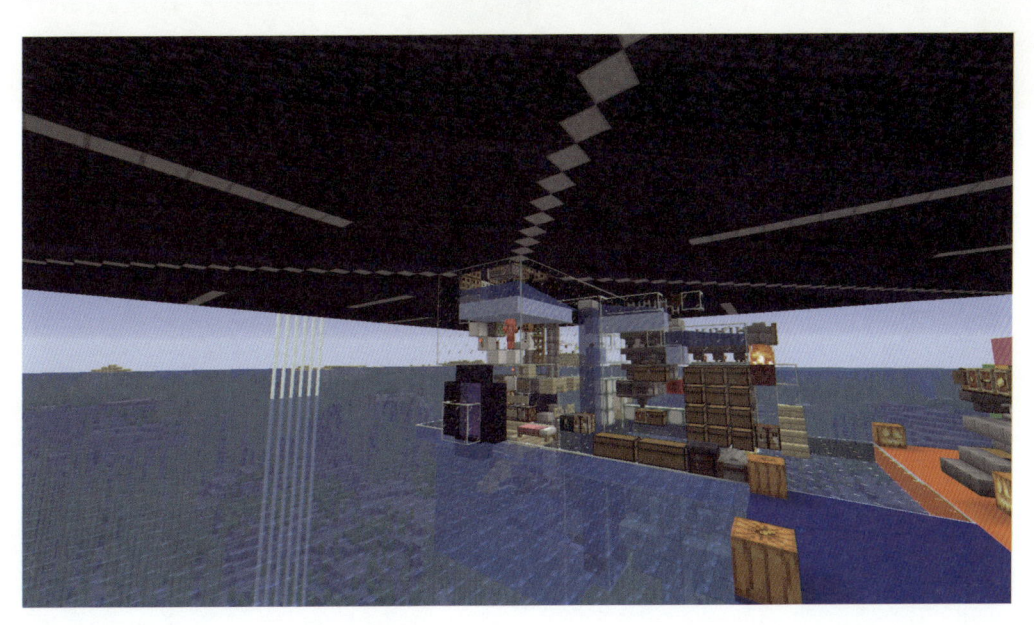

末影人塔只会刷出末影人，产出末影珍珠。

其中末影人塔、猪人塔、劫掠塔常作为经验农场，产生的大量经验可以用于前期的升级或者附魔。

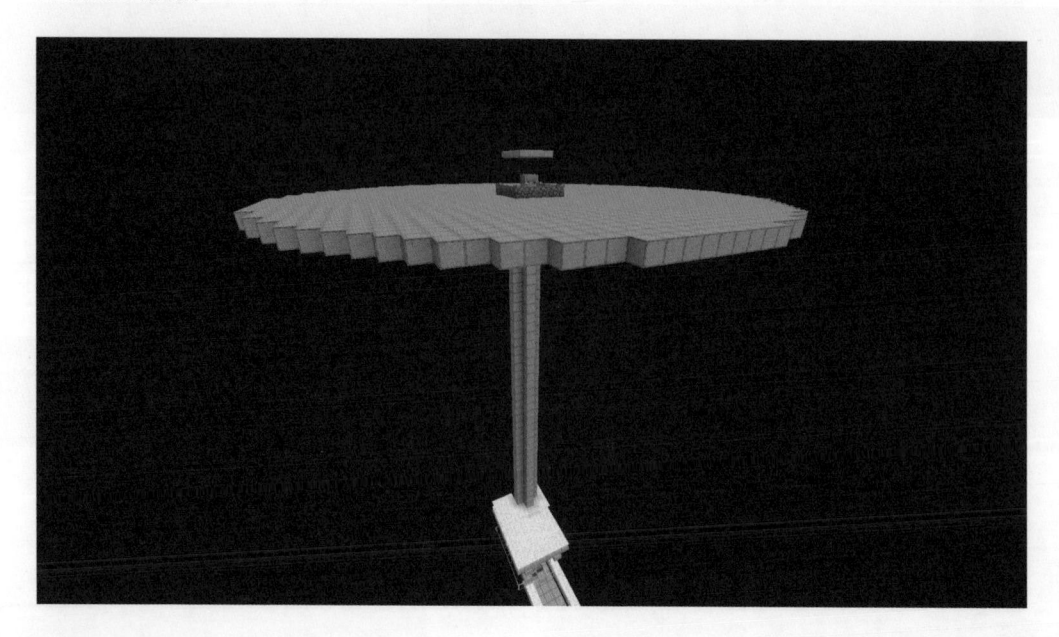

🟫 树场与作物农场

通过对刷怪塔等一系列自动化设施的建设，物资逐渐丰富了起来。有了骨粉的帮助，可以建设一些依赖骨粉催熟的农场，例如树场、刷花机、苔藓机等。

在玩家手动种植过树苗之后，通过高频时钟激活装满骨粉的发射器对准树苗，可以在短时间内喷射大量骨粉，使得树苗转变为对应树种。而在经过递推和活塞处理后，其中树叶会在活塞的作用下碎掉，随机生成树苗并被回收，而木头则在推动过程中形成一排一排的方块流，送入到旁边的TNT爆炸室中，通过TNT的处理，并收集掉落物，从而形成树场。

而刷花机和苔藓机的工作原理更为简单，由于骨粉作用于草方块或者苔藓方块时会生成对应的植物，再通过水流冲刷的方式将植物破坏成掉落物并运送到漏斗中，完成收集。

伪和平装置与区块加载器

在我们度过生存前期时，需要对怪物数量进行控制，由于敌对怪物的生成上限具有一定数值，因此可以通过强制堆积怪物数量的方式来达成生存模式不刷怪的目的。由于大多数怪物在距离玩家128格以外后就会消失，且不会消失的怪物也大多不占用怪物上限，因此只有少数能占用怪物上限，且不会消失的怪物可以被强制堆积来超过上限。可以用作伪和平模式的怪物包括僵尸村民、潜影贝、凋灵、监守者。

而这些怪物需要处于弱加载区块，既可以被计入怪物数量，也不会因为加载而卡顿，这时就需要区块加载器来完成对区块的加载。

三向轰炸机与世界吞噬者

在我们完成了一系列前期基础设施的建设之后，就可以开始做一系列更加庞大和复杂的内容。那么先前的一些自动化设施产量已经跟不上玩家的步伐，需要进行更高效率的生产和更大空间的建设。那么，空置域就成了必不可缺的存在，不仅可以通过减少怪物生成平台来提高怪物农场的效率，也可以通过降低范围内随机刻的作用来缓解卡顿。而空置域的制作，通常需要用到三向轰炸机或者世界吞噬者。

史莱姆飞行器可以做到在不依靠外界信号的情况下，自动向前行走。而将史莱姆飞行器挂载上更多的方块，并加上TNT复制，可以构成双向移动的TNT轰炸机。在开头和结尾的位置放置阻拦移动的方块，并在飞行器到位后，进行移动，这样就可以组成能够横扫一个平面的轰炸机。将类似的轰炸机排列成组，并通过将黏液块当作控制杆进行控制，就可以形成轰炸整个区域的世界吞噬者。由于在地狱中使用，往往存在基岩天花板，需要降低高度，因此在地狱中用的一类世界吞噬者被称为地狱吞噬者。

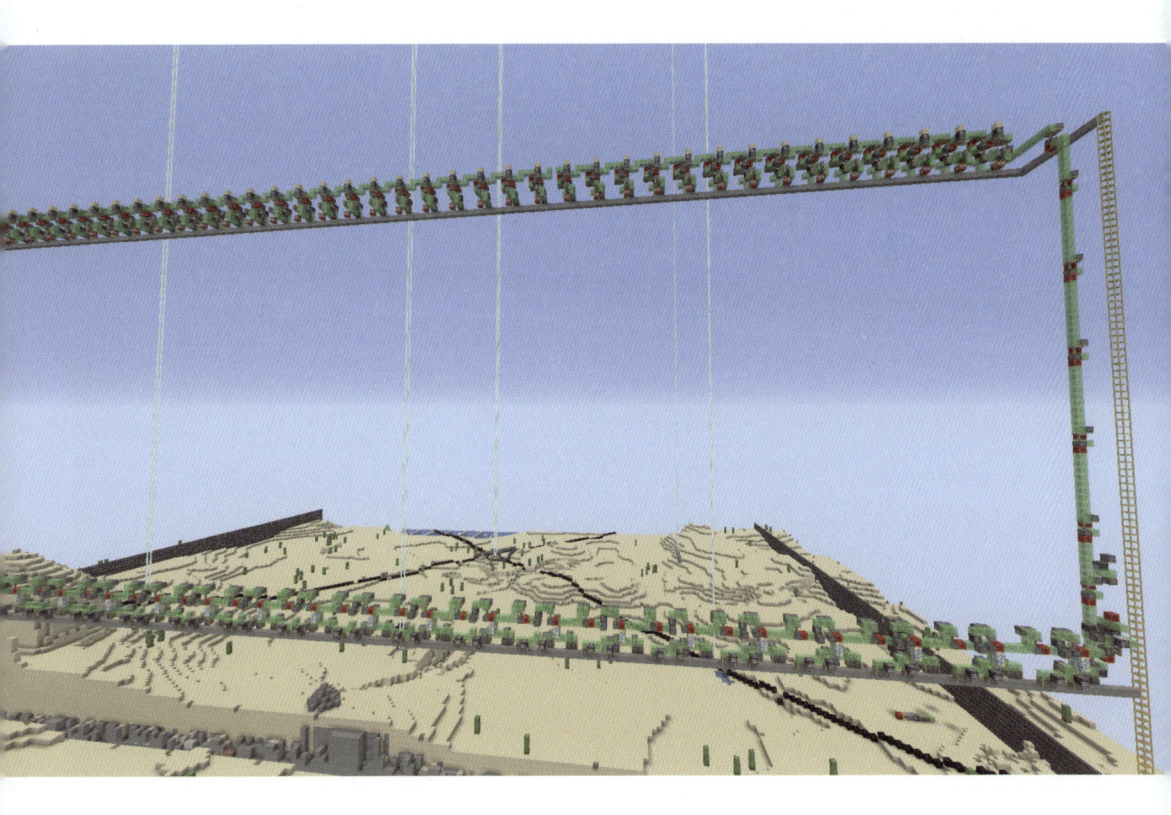

附录 A 进度与成就

Java版

图标	进度名称	描述
	石器时代	用你的新镐挖掘石头
	获得升级	制作一把更好的镐
	这不是铁镐么	升级你的镐
	钻石！	获得钻石
	深藏不露	获得远古残骸

这里列出了本册书中涉及的游戏进度与成就。

基岩版

图标	成就名称	描述
	采矿时间到！	使用木板和木棍制作镐
	获得升级	制作一把更好的镐
	钻石！	用铁质工具挖钻石
	工具达人	每种类型的工具各制作一个
	用这个发射东西	建造一台发射器
	圆石真多	开采1728块圆石并将它们放在箱子中
	可再生能源	用木炭烧木头，制作更多木炭

图标	成就名称	描述
	货运站	一件物品从箱子矿车移动到箱子里
	熔化一切!	用3个漏斗将3个箱子连成一个熔炉
	始作俑者	用一个活塞推另一个活塞，然后用那个活塞拉最开始那一个活塞
	超级燃料	用熔岩为熔炉提供助力
	替代性燃料	用一个干海带块给熔炉供能
	世界之巅	放置脚手架直到世界的极限